하나님의 편지

가스펠 프로젝트

신약 **5**

하나님의 편지
중고등부

지은이 · LifeWay Students
옮긴이 · 심정훈
감수 · 김병훈, 류호성, 곽상학
초판 발행 · 2019년 4월 3일
2판 1쇄 발행 · 2025년 6월 25일
등록번호 · 제1988-000080호
등록된 곳 · 서울특별시 용산구 서빙고로65길 38
발행처 · 사단법인 두란노서원
영업부 · 02-2078-3352, 3452, 3781, 3752 FAX 080-749-3705
편집부 · 02-2078-3437
디자인 · 땅콩프레스

책값은 뒤표지에 있습니다.
ISBN 978-89-531-4694-5 04230 / 978-89-531-4669-3(세트)

가스펠 프로젝트 홈페이지 · gospelproject.co.kr
두란노몰 · mall.duranno.com

차례

5

Letters to God's People

발간사

두란노서원을 통해 라이프웨이(LifeWay)의 《가스펠 프로젝트》 성경 공부 교재 시리즈를 발간할 수 있도록 인도하신 하나님께 감사드립니다. 험한 소리로 가득한 세상에 이 책을 디딤돌처럼 놓습니다. 우리 삶은 말씀을 만난 소리로 풍성해져야 합니다. 주님을 만난 기쁨의 소리, 진실 앞에서 탄식하는 소리, 죄를 씻는 울음소리, 소망을 품은 기도 소리로 가득해야 합니다.

《가스펠 프로젝트》는 신구약을 관통하는 예수 그리스도의 복음을 발견하고, 그 가르침을 삶에 적용하는 지혜를 얻도록 기획한 성경 공부 교재입니다. 어린아이부터 어른에 이르기까지 생애주기에 따른 복음 메시지를 잘 배울 수 있습니다. 또한, 거짓 진리가 미혹하는 이 시대에 건강한 신학과 바른 교리로 말씀을 조명하여 성도의 신앙이 좌로나 우로나 치우치지 않도록 돕습니다.

두란노서원은 지금까지 "오직 성경, 복음 중심, 초교파적 관점"을 바탕으로 한국 교회와 성도를 꾸준히 섬겨 왔습니다. 오직 성경의 정신에 입각해 책과 잡지를 출판해 왔으며, 성경에 근거한 복음 중심의 신학을 포기한 적이 없습니다. 그리고 교단과 교파를 초월하여 교회와 성도가 하나님의 나라를 바라볼 수 있도록 돕기 위해 노력해 왔습니다. 《가스펠 프로젝트》는 두란노가 지켜 온 세 가지 가치를 충실하게 담은 책입니다.

성경은 구원을 위한 책이며, 구원사의 주인공은 예수 그리스도입니다. 창세기부터 요한계시록까지 오직 예수 그리스도의 복음만을 전하는 《가스펠 프로젝트》 성경 공부 교재를 통해 복음의 은혜와 진리를 깊이 경험하고, 복음 중심의 삶이 마음 판에 새겨지기를 바랍니다. 그리고 예수 그리스도 복음에 굳게 선 한 사람의 영향력이 가정과 교회와 사회에 흘러감으로써 거룩한 하나님 나라가 확산되어 가기를 소망합니다.

두란노서원 원장 **이 형 기**

감수사

두란노가 출간하는 《가스펠 프로젝트》는 무엇보다도 전통적으로 교회가 풀어 온 흐름을 충실히 따라 성경을 해설하고 있습니다. 그리고 그 방향은 궁극적으로 예수 그리스도를 향해 나아가고 있습니다. 이것은 예수님이 구약과 신약의 모든 성경이 자신을 가리키고 있다고 하신 말씀에 비추어 매우 타당한 것입니다. 게다가 그리스도 중심적 해설을 무리하게 전개하지 않습니다. 각 본문에서 하나님의 구원 언약과 그것을 실현하시는 하나님을 드러내면서, 그리스도의 예표적 설명이 가능한 사건을 놓치지 않고 풀어 내고 있습니다.

성경 공부 교재는 명시적으로 혹은 암시적으로 제시하는 교리적 진술이 교리체계상 건전해야 합니다. 《가스펠 프로젝트》는 99개 조에 이르는 핵심 교리들을 일목요연하게 제시하여 교리의 건전성을 확인할 수 있도록 도움을 줍니다. 《가스펠 프로젝트》의 교리는 교파를 막론하고, 예수 그리스도의 복음에 충실한 복음주의 교회들에게 환영받을 만합니다. 물론 교파마다 약간의 이견을 갖는 부분이 있을 수 있겠지만 각 교회에서 교재를 활용하는 데에 무리가 없을 것으로 판단합니다. 《가스펠 프로젝트》의 특징은 각 과에서 학습한 내용을 핵심 교리와 연결해 주며, 그 결과 그리스도의 복음에 관련한 교리적 이해를 강화시킨다는 데에 있습니다.

끝으로 《가스펠 프로젝트》는 어떤 성경 주해서나 교리 학습서가 갖지 못하는 훌륭한 장점을 가지고 있습니다. 그것은 학습자를 하나님과 그리스도의 복음 앞으로 나오도록 이끌며 자신의 신앙과 삶을 돌아보도록 하는 적용의 적실성과 훈련의 효과입니다. 아울러 선교적 안목을 열어 주는 적용 질문을 더해 준 것은 《가스펠 프로젝트》에서 얻을 수 있는 커다란 유익입니다.

《가스펠 프로젝트》는 성경을 개괄적으로 매주 한 과씩, 3년의 기간 동안 일목요연하게, 그리고 그리스도 중심적으로 공부하도록 이끌어 준다는 점에서, 한국 교회의 기초를 성경 위에 놓는 일에 대단히 커다란 공헌을 할 것으로 믿어 의심치 않습니다.

김병훈 _ 합동신학대학원대학교 조직신학 교수

하나님의 말씀이 임하는 곳에는 회복의 역사가 있어서 죽은 뼈들도 힘줄이 생기고 살이 오릅니다(겔 37:8). 왜냐하면 하나님의 말씀은 그 자체에 능력이 있기 때문입니다(눅 1:37). 그분의 말씀은 살아 있고 활력이 있기에 예리하게 혼과 영과 및 관절과 골수를 찔러 쪼개기까지 하며 또 마음의 생각과 뜻을 판단할 것입니다(히 4:12). 하나님의 말씀이 왕성하게 흘러넘쳐 온 세상과 우주를 적실 때에 정의와 사랑(렘 9:24) 그리고 제자의 수가 많아지는 놀라운 부흥을(행 6:7) 경험할 것이고, 악한 세력이 모두 물러가며 새 하늘과 새 땅이 다가올 것입니다.

이를 위해 작은 등불의 역할을 할 《가스펠 프로젝트》는 다음과 같은 특징이 있습니다. 첫째는 성경 전체를 '그리스도 중심'으로 바라본 것입니다. 오실 그리스도(구약)와 오신 그리스도 그리고 앞으로 다시 오실 그리스도(신약)의 관점에서 구약성경과 신약성경을 서로 연결시켜서, 그 속에 담긴 놀라운 하나님의 구원 역사를 보게 합니다. 둘째는 같은 본문으로 교회와 가정 그리고 전 연령층에서 그리스도의 사랑을 배우게 합니다. 이는 특히 가정에서 소통할 기회를 제공하고 사랑과 정의를 실천하는 성숙한 그리스도인으로 성장하도록 이끌어 줍니다. 셋째는 신학적 주제와 기초 교리를 이해하기 쉽게 설명하며 영적 분별력을 향상시키는 데 도움을 줍니다. 넷째는 배운 것을 복음의 씨앗을 뿌리는 선교와 연결시키며 하나님이 주신 사명을 실천하도록 이끄는 것입니다. 이는 복음의 열정을 회복시켜 줍니다.

그러므로 모든 교단과 교파를 초월해서, 하나님의 섬세한 구원의 손길과 그리스도의 숭고한 십자가의 사랑 그리고 거룩함으로 인도하는 성령님의 인도하심을 배울 수 있을 것입니다. 그래서 《가스펠 프로젝트》를 통해 하나님의 말씀이 한반도에 흘러넘칠 뿐만 아니라, 복음의 열정을 품고 전 세계로 향하는 많은 전도자들을 세워 갈 것입니다.

류호성 _ 서울장신대학교 신약학 교수

✝ 일반적으로 교육의 3요소를 교육 주체인 교사, 교육 객체인 학생, 교육 내용인 교육 과정(curriculum)이라고 말합니다. 기독교 교육 또한 교회 학교 교사나 가정의 부모가 교육 주체가 되어 다음 세대인 청소년들에게 복음이 담긴 성경을 가르치는 것입니다. 교육 과정을 제외하고는 공교육과 기독교 교육이 본질적으로 다를 수 없는데, 시대의 요청이나 학습자의 역량에 따라 교육 과정이 바뀌는 공교육과 달리, 성경이라는 절대 진리가 교육 과정인 기독교 교육은 수요자 중심의 창의적 상호 작용 등 교육 방법론에 취약점을 보인 것이 사실입니다.

《가스펠 프로젝트》는 객관론적인 인식론에 근거한 프로젝트 수업을 염두에 두었기 때문에, 안내하고 조력하는 교사의 역할 수행과 자연스럽고도 적극적인 학생들의 반응이 만나 성경의 내용을 '지금 그리고 여기'를 사는 '나'와 접목시켜 진지하게 대면하게 합니다. 매 과마다 청소년 설교 제목과 같은 감각적인 제목으로 문을 열고 들어가 'HIS STORY'를 만나게 됩니다. 그뿐 아니라 '연대표', '알짬 교리 99' 등은 다소 지루할 수 있는 성경의 이야기를 청소년 특유의 감성으로 풀어 주므로 그들의 지적 호기심을 채워 주기에 충분합니다. 또한 '그리스도와의 연결'로 구속사적 흐름을 놓치지 않고 그리스도의 복음을 충실히 따르고 있습니다. 영원불변하는 하나님의 말씀이 21세기에 대한민국에서 살아가는 중학생, 고등학생의 실제 이야기로 잘 구현되도록 한 'YOUR STORY', 그리고 '생각'과 '마음'이 '행동'으로 이어지도록 이끌어 주는 'YOUR MISSION'은 성경 공부의 매우 중요한 연결 고리가 될 것입니다.

《가스펠 프로젝트》는 그리스도 중심의 성경 공부 교재이자, 성경 전체를 꿰뚫는 복음의 알파와 오메가로서 이 시대에 새로운 기독교 교육의 이정표가 될 것을 확신합니다.

곽상학 _ 전 온누리교회 협동 목사

✝ 우리 시대의 전 세계적 교회 부흥은 두 가지 샘을 가지고 있습니다. 한 샘은 오순절 부흥 운동의 샘입니다. 이 샘으로 많은 시대의 목마른 영혼들이 목마름을 해갈했습니다. 또 하나의 샘은 성경 연구의 샘입니다. 남침례교 주일학교 운동은 이 샘의 개척자입니다. 이 샘으로 지금도 많은 성도가 목마름을 해갈하고 있습니다. 미국 남침례교 라이프웨이 출판사는 이러한 사역을 충실히 감당해 왔습니다. 《가스펠 프로젝트》는 모든 필요를 공급하는 원천이 될 것입니다. 《가스펠 프로젝트》로 한국 교회의 목마름이 해갈되기를 기도합니다. 《가스펠 프로젝트》는 쉬우면서도 결코 피상적이지 않습니다. 믿음의 단계를 따라 하나님의 자녀들에게 꼭 필요한 복음의 진수를 맛보게 해 줄 것입니다. 이 체계적인 교재로 이 땅에 새로운 영적 르네상스가 일어나기를 기대합니다.

이동원 _ 지구촌교회 원로목사, 지구촌 미니스트리 네트워크 대표

✝ 성경은 그 깊이와 너비를 측량하기 어려운 광활한 바다입니다. 이 바다를 무턱 대고 항해하다 보면 장구한 역사의 파도와 다양한 문학 양식이라는 바람에 의해 표류하기 쉽습니다. 그런 점에서 《가스펠 프로젝트》는 참 훌륭한 나침반입니다. 건전한 교리를 바탕으로 성경 어디에서나 그리스도를 발견하도록 돕고, 복음이라는 항구에 이르도록 이끌어 줍니다. 말씀의 바다를 항해하는 모든 분들에게 큰 유익을 줄 것입니다. 기쁜 마음으로 추천합니다.

허요환 _ 안산제일교회 담임 목사

✝ 성경은 예수 그리스도를 중심으로 하는 하나님의 구원 이야기입니다. 성경을 가르치는 일은 하나님의 구원에 동참하는 하나님의 사람을 만드는 일이며, 하나님의 사람의 탁월한 모델은 바로 예수 그리스도입니다. 《가스펠 프로젝트》는 예수 그리스도를 중심으로 성경을 배웁니다. 성경이 어떻게 그리스도와 연결되어 있는지, 또 성도의 삶이 그리스도를 중심으로 하는 하나님의 구원 계획에 어떻게 연결되어야 하는지 구체적으로 제시합니다.

특히 《가스펠 프로젝트》는 하나의 본문을 각 연령에 맞게 구성한 교재를 제공해 하나의 본문으로 전 세대를 연결하고, 가정과 교회를 하나 되게 합니다. 신앙의 전수가 중요한 시대에 성도와 교회와 가정이 한마음으로 다음 세대를 준비시키기에 적합합니다. 특히 가정에서 부모가 자녀와 말씀으로 대화를 나눌 수 있게 해 자녀 신앙 교육에 도움이 될 것입니다.

《가스펠 프로젝트》가 주일학교부터 장년에 이르기까지 전 교회와 성도의 각 가정에서 사용되어 예수 그리스도를 통한 하나님의 가스펠 프로젝트가 성취되기를 기도하면서 기쁨과 확신으로 추천합니다.

이재훈 _ 온누리교회 담임 목사

✚　《가스펠 프로젝트》는 성경을 예수 그리스도 중심으로 심도 있게 살피도록 도우면서, 또한 그것을 이야기 형식으로 제시하며 실질적으로 적용하도록 이끄는 탁월함이 보입니다. 이는 청소년들이 자연스럽게 주변 또래들에게 자신이 경험한 예수 그리스도와 복음에 대해 나눌 수 있게 합니다.

왕동식 _ 서울YFC(십대선교회) 대표, 청소년사역자협의회 회장

✚　《가스펠 프로젝트》는 복음주의적인 관점에서 성경을 이해하며 성경적 가치관을 형성하는 데 큰 도움을 줍니다. 특히 예수 그리스도를 모든 과에서 그 중심에 두어 구속사적으로 이해할 수 있도록 돕습니다. 또한 각 과별 주제도 친근할 뿐 아니라 다음 세대의 눈높이에 맞추고 있어서 적극 추천합니다.

황성건 _ (사)청소년선교햇불 대표, 소금과빛 국제학교 운영 이사

✚　《가스펠 프로젝트》는 하나님의 말씀으로 우리를 초청해서 예수 그리스도를 만나게 하고 사랑하게 만드는 훌륭한 교재입니다. 자녀들이 교회 학교에서, 부모들이 소그룹에서 말씀을 공부한 후에 저녁 식탁에 둘러앉아 예수님에 대해 함께 나눌 수 있다는 것은, 상상만 해도 너무나도 멋지고 복된 일입니다.

김지철 _ 전 소망교회 담임 목사

✚　《가스펠 프로젝트》를 펼치는 순간 가슴이 뛰었습니다. 이 시대를 살아가는 모든 그리스도인에게 꼭 필요한 성경의 핵심적 내용을 쉬우면서도 흥미롭게 펼쳐 내면서 성경을 깊이 알아 가는 기쁨과 구체적인 적용을 돕고 있기 때문입니다. 무엇보다도 가장 뛰어난 점은, 성경의 중심이 되는 예수님을 충실하게 드러낸다는 점입니다. 그러므로 복음 프로젝트를 성실하게 따라가다 보면 예수님을 통해 완성하시는 하나님의 구원 역사 프로젝트가 드러날 것이고, 나아가 하나님 나라가 우리 삶에 한층 가까워질 것입니다. 이 시리즈를 통해 체계적인 '가정 제자 훈련'과 '성경 공부'를 정착시키는 가운데 한국 교회와 이민 교회에 거룩한 부흥의 불길이 일어나길 기대합니다.

류응렬 _ 와싱톤중앙장로교회 담임 목사, 고든콘웰신학대학원 객원 교수

✚　성경이 가르치는 구원의 도리인 교리를 성경 본문을 통해 배우기가 쉽지 않기 때문에 좋은 안내서가 필요합니다. 《가스펠 프로젝트》는 이와 같은 역할을 탁월하게 수행하고 있기 때문에 기쁜 마음으로 추천합니다.

이성호 _ 고려신학대학원 역사신학 교수

✚　사역 현장에서는 하나님의 말씀을 효율적으로 가르칠 수 있는 좋은 방법과 교재에 늘 목말라합니다. 그런 점에서 그 필요를 잘 충족해 줄 교재가 출간되어 기쁜 마음으로 추천합니다.

김운용 _ 장로회신학대학교 실천신학 교수

일러두기

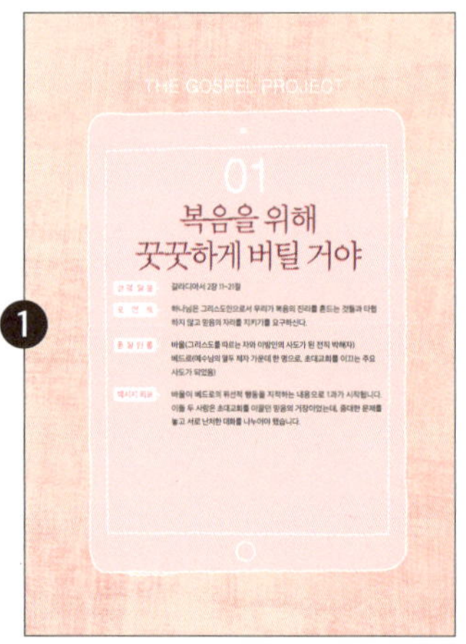

❶ INTRO

'HIS STORY'에서 다룰 내용을 간략히 소개하면서 시작합니다. '성경 말씀'에서는 해당 성경 구절을, '포인트'에서는 핵심 내용을, '등장인물'에서는 본문에 누가 나오는지를, '메시지 좌표'에서는 본문에서 다루는 내용을 소개합니다.

❷ HIS STORY

하나님이 구속사에서 행하신 역사에 초점을 맞춰 성경을 살펴봅니다. 본문과 연결되는 기독교 핵심 교리를 소개하는 '알짬 교리 99', 성경을 시간 순서대로 바라보도록 그림과 함께 정리한 '연대표', 본문과 주제가 어떻게 예수 그리스도를 가리키는지 그 상관성을 살피는 '그리스도와의 연결'이 있습니다.

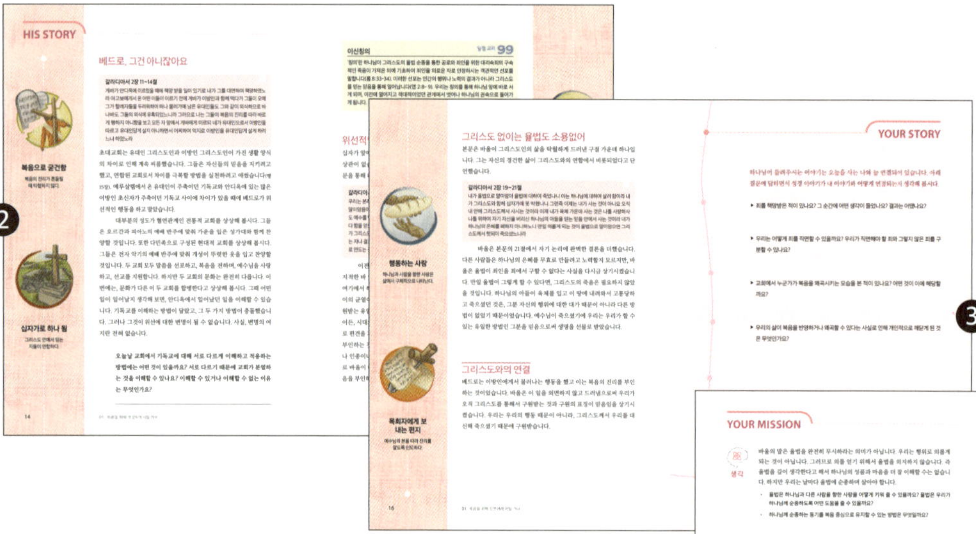

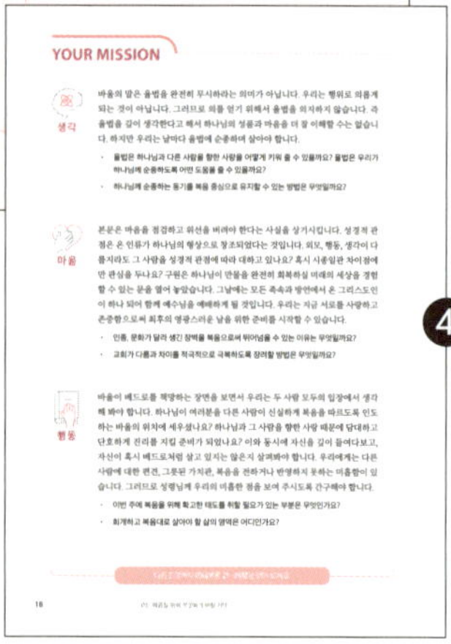

❸ YOUR STORY

하나님이 과거에 행하신 일을 현재와 연결해 볼 수 있도록 합니다. 각 질문을 토론하고 답변하면서, 하나님이 당시 성경 인물에게 행하셨던 일이 오늘날 우리의 삶과도 연결됨을 깨달을 수 있을 것입니다.

❹ YOUR MISSION

하나님의 이야기가 우리 삶에 어떤 변화를 일으킬 수 있는지를 보게 합니다. 단순한 성경 지식 공부를 넘어서, 사명감을 가지고 이 세상을 살아가라는 하나님의 부르심을 깨닫는 시간이 될 것입니다.

가스펠 프로젝트 홈페이지
gospelproject.co.kr에서
다양한 자료를 만나 볼 수 있습니다.

지도하시는 하나님

갈라디아서, 고린도전서, 디모데전서,
디모데후서, 야고보서, 베드로전서, 요한일서

갈라디아서

2장 19~21절

내가 율법으로 말미암아 율법에 대하여 죽었나니 이는 하나님에 대하여 살려
함이라 내가 그리스도와 함께 십자가에 못 박혔나니 그런즉 이제는 내가 사는 것이
아니요 오직 내 안에 그리스도께서 사시는 것이라 이제 내가 육체 가운데 사는
것은 나를 사랑하사 나를 위하여 자기 자신을 버리신 하나님의 아들을 믿는 믿음
안에서 사는 것이라 내가 하나님의 은혜를 폐하지 아니하노니 만일 의롭게 되는
것이 율법으로 말미암으면 그리스도께서 헛되이 죽으셨느니라

01

복음을 위해 꿋꿋하게 버틸 거야

성경 말씀 갈라디아서 2장 11~21절

포 인 트 하나님은 그리스도인으로서 우리가 복음의 진리를 흔드는 것들과 타협
하지 않고 믿음의 자리를 지키기를 요구하신다.

등 장 인 물 바울(그리스도를 따르는 자와 이방인의 사도가 된 전직 박해자)
베드로(예수님의 열두 제자 가운데 한 명으로, 초대교회를 이끄는 주요
사도가 되었음)

메시지 좌표 바울이 베드로의 위선적 행동을 지적하는 내용으로 1과가 시작됩니다.
이들 두 사람은 초내교회를 이끌던 믿음의 기장이었는데, 중대한 문제를
놓고 서로 난처한 대화를 나누어야 했습니다.

복음으로 굳건함

복음의 진리가 흔들릴 때
타협하지 않다.

십자가로 하나 됨

그리스도 안에서
믿는 자들이 연합하다.

베드로, 그건 아니잖아요

갈라디아서 2장 11~14절

게바가 안디옥에 이르렀을 때에 책망 받을 일이 있기로 내가 그를 대면하여 책망하였노라 야고보에게서 온 어떤 이들이 이르기 전에 게바가 이방인과 함께 먹다가 그들이 오매 그가 할례자들을 두려워하여 떠나 물러가매 남은 유대인들도 그와 같이 외식하므로 바나바도 그들의 외식에 유혹되었느니라 그러므로 나는 그들이 복음의 진리를 따라 바르게 행하지 아니함을 보고 모든 자 앞에서 게바에게 이르되 네가 유대인으로서 이방인을 따르고 유대인답게 살지 아니하면서 어찌하여 억지로 이방인을 유대인답게 살게 하려느냐 하였노라

초대교회는 유대인 그리스도인과 이방인 그리스도인의 믿음 생활 양식이 달라서 다양한 어려움을 겪었습니다. 그들은 자신들의 믿음을 지키려고 했고, 연합된 교회로서 차이를 극복할 방법을 실천하려고 애썼습니다 (행 15장). 예루살렘에서 온 유대인이 주축이던 기독교와 안디옥에 있는 많은 이방인 초신자가 주축이던 기독교 사이에 차이가 있을 때에 베드로가 위선적인 행동을 하고 말았습니다.

대부분의 성도가 혈연관계인 전통적 교회를 상상해 봅시다. 그들은 오르간과 피아노의 예배 반주에 맞춰 가운을 입은 성가대와 함께 찬양할 것입니다. 또한 다민족으로 구성된 현대적 교회를 상상해 봅시다. 그들은 전자 악기의 예배 반주에 맞춰 개성이 뚜렷한 옷을 입고 찬양할 것입니다. 두 교회 모두 말씀을 선포하고, 복음을 전하며, 예수님을 사랑하고, 선교를 지원합니다. 하지만 두 교회의 문화는 완전히 다릅니다. 이번에는, 문화가 다른 이 두 교회를 합병한다고 상상해 봅시다. 그때 어떤 일이 일어날지 생각해 보면, 안디옥에서 일어났던 일을 이해할 수 있습니다. 기독교를 이해하는 방법이 달랐고, 그 두 가지 방법이 충돌했습니다. 그러나 그것이 위선에 대한 변명이 될 수 없습니다. 사실, 변명의 여지란 전혀 없습니다.

오늘날 교회에서 기독교에 대해 서로 다르게 이해하고 적용하는 방법에는 어떤 것이 있을까요? 서로 다르기 때문에 교회가 분열하는 것을 이해할 수 있나요? 이해할 수 있거나 이해할 수 없는 이유는 무엇인가요?

이신칭의

'칭의'란 하나님이 그리스도의 율법 순종을 통한 공로와 죄인을 위한 대리속죄의 구속적인 죽음이 가져온 의에 기초하여 죄인을 의로운 자로 인정하시는 객관적인 선포를 말합니다(롬 8:33-34). 이러한 선포는 인간의 행위나 노력의 결과가 아니라 그리스도를 믿는 믿음을 통해 일어납니다(엡 2:8- 9). 우리는 칭의를 통해 하나님 앞에 바로 서게 되며, 이전에 멀어지고 적대적이었던 관계에서 벗어나 하나님의 가족이 됩니다.

위선적인 행동으로 복음을 저버리지 말자

십자가 앞에서는 모두가 평등합니다. 사회적 지위나 빈부나 인종은 아무 상관이 없습니다. 성별이나 나이와도 무관합니다. 모든 사람은 동일한 문을 통해 하나님께 나아갑니다. 그 문은 바로 예수 그리스도입니다.

갈라디아서 2장 15~18절

우리는 본래 유대인이요 이방 죄인이 아니로되 사람이 의롭게 되는 것은 율법의 행위로 말미암음이 아니요 오직 예수 그리스도를 믿음으로 말미암는 줄 알므로 우리도 그리스도 예수를 믿나니 이는 우리가 율법의 행위로써가 아니고 그리스도를 믿음으로써 의롭다 함을 얻으려 함이라 율법의 행위로써는 의롭다 함을 얻을 육체가 없느니라 만일 우리가 그리스도 안에서 의롭게 되려 하다가 죄인으로 드러나면 그리스도께서 죄를 짓게 하는 자냐 결코 그럴 수 없느니라 만일 내가 헐었던 것을 다시 세우면 내가 나를 범법한 자로 만드는 것이라

이전에 바울은 베드로가 복음의 진리에서 벗어난 행동을 했다고 지적한 바 있습니다. 바울은 그때 자신이 했던 말의 의미가 무엇인지를 여기에서 해석해 주고 있습니다. 바울의 관심사는 두 사노나 두 무리 사이의 균열이 아니었습니다. 그보다 더 중요한 구원의 문제였습니다. 구원받는 유일한 길은 예수님을 믿는 것뿐입니다. 이는 유대인이든 이방인이든, 시대와 장소에 상관없이 모든 사람에게 유일한 길입니다. 그러므로 편견을 가지고 다른 사람을 대하는 그리스도인이 있다면 그는 복음을 부인하는 것입니다. 우리는 오직 믿음으로 의롭게 됩니다(갈 2:16). 행위나 인종이나 다른 어떤 기준으로 의롭게 되는 것이 아닙니다. 이것이 바로 바울이 베드로의 위선적 행동을 심각하게 여겼던 이유입니다. 즉 복음을 부인하는 것으로 여겼습니다.

공평하게 대함

차별하지 않고
친절을 베풀다.

새로운 정체성

택함 받은 천국 시민으로서
거룩하게 살다.

그리스도 없이는 율법도 소용없어

본문은 바울이 그리스도인의 삶을 탁월하게 드러낸 구절 가운데 하나입니다. 그는 자신의 경건한 삶이 그리스도와의 연합에서 비롯되었다고 단언했습니다.

바울은 본문의 21절에서 자기 논리에 완벽한 결론을 더했습니다. 다른 사람들은 하나님의 은혜를 무효로 만들려고 노력할지 모르지만, 바울은 율법이 죄인을 죄에서 구할 수 없다는 사실을 다시금 상기시켰습니다. 만일 율법이 그렇게 할 수 있다면, 그리스도의 죽음은 필요하지 않았을 것입니다. 하나님의 아들이 육체를 입고 이 땅에 내려와서 고통당하고 죽으셨던 것은, 그분 자신의 행위에 대한 대가 때문이 아니라 다른 방법이 없었기 때문이었습니다. 예수님이 죽으셨기에 우리는 우리가 할 수 있는 유일한 방법인 그분을 믿음으로써 생명을 선물로 받았습니다.

그리스도와의 연결

베드로는 이방인에게서 물러나는 행동을 했고 이는 복음의 진리를 부인하는 것이었습니다. 바울은 이 일을 외면하지 않고 드러냄으로써 우리가 오직 그리스도를 통해서 구원받는 것과 구원의 표징이 믿음임을 상기시켰습니다. 우리는 우리의 행동 때문이 아니라, 그리스도께서 우리를 대신해 죽으셨기 때문에 구원받습니다.

행동하는 사랑

하나님과 사람을 향한 사랑은 삶에서 구체적으로 나타난다.

목회자에게 보내는 편지

예수님의 본을 따라 진리를 알도록 인도하다.

하나님이 들려주시는 이야기는 오늘을 사는 나와 늘 연결되어 있습니다. 아래 질문에 답하면서 성경 이야기가 내 이야기와 어떻게 연결되는지 생각해 봅시다.

▶ 죄를 책망받은 적이 있나요? 그 순간에 어떤 생각이 들었나요? 결과는 어땠나요?

▶ 우리는 어떻게 죄를 직면할 수 있을까요? 우리가 직면해야 할 죄와 그렇지 않은 죄를 구분할 수 있나요?

▶ 교회에서 누군가가 복음을 왜곡시키는 모습을 본 적이 있나요? 어떤 것이 이에 해당할까요?

▶ 우리의 삶이 복음을 반영하거나 왜곡할 수 있다는 사실로 인해 개인적으로 깨닫게 된 것은 무엇인가요?

하나님의 이야기
하나님이 그분의 아들
예수 그리스도를 통해
우리를 구속해 주신 이야기

우리의 이야기
우리의 이야기가
하나님의 이야기와
만나는 곳

YOUR MISSION

생각

바울의 말은 율법을 완전히 무시하라는 의미가 아닙니다. 우리는 행위로 의롭게 되는 것이 아닙니다. 그러므로 의를 얻기 위해서 율법을 의지하지 않습니다. 즉 율법을 깊이 생각한다고 해서 하나님의 성품과 마음을 더 잘 이해할 수는 없습니다. 하지만 우리는 날마다 율법에 순종하며 살아야 합니다.

- 율법은 하나님과 다른 사람을 향한 사랑을 어떻게 키워 줄 수 있을까요? 율법은 우리가 하나님께 순종하도록 어떤 도움을 줄 수 있을까요?
- 하나님께 순종하는 동기를 복음 중심으로 유지할 수 있는 방법은 무엇일까요?

마음

본문은 마음을 점검하고 위선을 버려야 한다는 사실을 상기시킵니다. 성경적 관점은 온 인류가 하나님의 형상으로 창조되었다는 것입니다. 외모, 행동, 생각이 다를지라도 그 사람을 성경적 관점에 따라 대하고 있나요? 혹시 시종일관 차이점에만 관심을 두나요? 구원은 하나님이 만물을 완전히 회복하실 미래의 세상을 경험할 수 있는 문을 열어 놓았습니다. 그날에는 모든 족속과 방언에서 온 그리스도인이 하나 되어 함께 예수님을 예배하게 될 것입니다. 우리는 지금 서로를 사랑하고 존중함으로써 최후의 영광스러운 날을 위한 준비를 시작할 수 있습니다.

- 인종, 문화가 달라 생긴 장벽을 복음으로써 뛰어넘을 수 있는 이유는 무엇일까요?
- 교회가 다름과 차이를 적극적으로 극복하도록 장려할 방법은 무엇일까요?

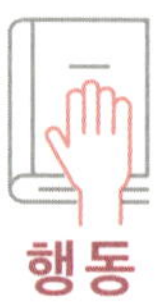

행동

바울이 베드로를 책망하는 장면을 보면서 우리는 두 사람 모두의 입장에서 생각해 봐야 합니다. 하나님이 여러분을 다른 사람이 신실하게 복음을 따르도록 인도하는 바울의 위치에 세우셨나요? 하나님과 그 사람을 향한 사랑 때문에 담대하고 단호하게 진리를 지킬 준비가 되었나요? 이와 동시에 자신을 깊이 들여다보고, 자신이 혹시 베드로처럼 살고 있지는 않은지 살펴봐야 합니다. 우리에게는 다른 사람에 대한 편견, 그릇된 가치관, 복음을 전하거나 반영하지 못하는 미흡함이 있습니다. 그러므로 성령님께 우리의 미흡한 점을 보여 주시도록 간구해야 합니다.

- 이번 주에 복음을 위해 확고한 태도를 취할 필요가 있는 부분은 무엇인가요?
- 회개하고 복음대로 살아야 할 삶의 영역은 어디인가요?

> 다음 모임까지 **마태복음 21~28장**을 읽어 보세요.

02

우리는
십자가 안에서 하나

성 경 말 씀 — 고린도전서 1장 10~31절

포 인 트 — 하나님은 십자가의 아름다움을 드러낼 수 있도록 교회가 힘써 하나가 되라고 하신다.

등 장 인 물 — 바울(그리스도를 따르는 자와 이방인의 사도가 된 전직 박해자)
아볼로(브리스길라와 아굴라의 도움을 받은 유창한 설교자)

메시지 좌표 — 우리 세상은 정치적으로나 사회적으로나 민족적으로나 경제적으로나 문화적으로나 화합이 필요합니다. 화합만큼 분열이 흔한 이 시대이지만 말입니다. 이들 영역에서 일어나는 분열의 원인은 다양하지만, 교회만큼은 한데 어울리는 모습을 보여야만 합니다. 사실 바울이 고린도 교회에 호소했던 것도 바로 이것이었습니다.

십자가로 하나 됨

그리스도 안에서
믿는 자들이 연합하다.

공평하게 대함

차별하지 않고
친절을 베풀다.

진짜 연합은 그리스도 안에서

고린도전서 1장 10~17절
형제들아 내가 우리 주 예수 그리스도의 이름으로 너희를 권하노니 모두가 같은 말을 하고 너희 가운데 분쟁이 없이 같은 마음과 같은 뜻으로 온전히 합하라 내 형제들아 글로에의 집 편으로 너희에 대한 말이 내게 들리니 곧 너희 가운데 분쟁이 있다는 것이라 내가 이것을 말하거니와 너희가 각각 이르되 나는 바울에게, 나는 아볼로에게, 나는 게바에게, 나는 그리스도에게 속한 자라 한다는 것이니 그리스도께서 어찌 나뉘었느냐 바울이 너희를 위하여 십자가에 못 박혔으며 바울의 이름으로 너희가 세례를 받았느냐 나는 그리스보와 가이오 외에는 너희 중 아무에게도 내가 세례를 베풀지 아니한 것을 감사하노니 이는 아무도 나의 이름으로 세례를 받았다 말하지 못하게 하려 함이라 내가 또한 스데바나 집 사람에게 세례를 베풀었고 그 외에는 다른 누구에게 세례를 베풀었는지 알지 못하노라 그리스도께서 나를 보내심은 세례를 베풀게 하려 하심이 아니요 오직 복음을 전하게 하려 하심이로되 말의 지혜로 하지 아니함은 그리스도의 십자가가 헛되지 않게 하려 함이라

바울은 미성숙하고 다투는 교회를 향해 편지를 썼습니다. 그곳은 신생 교회였는데, 이 교회를 세운 사람 가운데 한 명이 바울이었습니다(행 18:1~11). 바울은 이 교회를 세우고 나서 18개월 동안 복음의 진리로 섬겼고, 그 후에는 그들을 떠나 선교 여행을 계속했습니다. 그러나 얼마 지나지 않아서 교회가 불화한다는 보고를 받았습니다(고전 1:11).

복음을 기초로 한 단결은 쉽게 무너지지 않습니다. 그러나 사람을 기초로 한 단결은 쉽게 무너집니다. 여러 지도자가 있던 고린도 교회는 불화하고 분열했습니다. 이러한 모습을 많은 직원과 강력한 지도자로 구성된 오늘날의 교회에서도 볼 수 있습니다. 그런데 한 명의 지도자 아래 모든 성도가 단결하는 교회 역시 위험합니다. 지도자가 교회를 떠난 후에 종종 이 위험성을 발견하게 됩니다. 그러나 복음은 불변합니다. 복음은 우리를 버리지 않습니다. 복음은 우리로 하여금 우연으로든 고의로든 편을 만들게 하지 않습니다. 그렇기 때문에 오직 복음을 기초로 단결해야 합니다.

복음은 서로 다른 사람들이 하나가 되게 하는 데 어떻게 도움을 줄까요?

미련한 십자가가 하나님의 지혜라니

바울은 오직 그리스도 안에서만 하나 되는 것이 가능하다는 사실을 드러
낸 후에 십자가의 탁월함을 보여 주었습니다. 세상의 관점에서 볼 때 십
자가는 말도 안되는 것입니다. 메시아의 증표를 찾고 있던 유대인들에게
메시아란 강력하고 확연한 방식으로 자신들을 구원해 줄 영광스러운 왕
이었습니다. 그러므로 자발적으로 죽음의 길을 걸어간, 무식하고 하찮은
갈릴리 출신의 인물은 그들이 보기에 메시아 역할에 어울리지 않았습니
다. 지혜를 추구하던 그리스인들도 그분을 받아들일 수 없었습니다. 왜
냐하면 십자가에 못 박히신 예수님은 전혀 지혜로워 보이지 않았기 때문
입니다.

> **고린도전서 1장 18~25절**
> 십자가의 도가 멸망하는 자들에게는 미련한 것이요 구원을 받는 우리에게는 하나님의
> 능력이라 기록된 바 내가 지혜 있는 자들의 지혜를 멸하고 총명한 자들의 총명을 폐하리
> 라 하였으니 지혜 있는 자가 어디 있느냐 선비가 어디 있느냐 이 세대에 변론가가 어디
> 있느냐 하나님께서 이 세상의 지혜를 미련하게 하신 것이 아니냐 하나님의 지혜에 있어
> 서는 이 세상이 자기 지혜로 하나님을 알지 못하므로 하나님께서 전도의 미련한 것으로
> 믿는 자들을 구원하시기를 기뻐하셨도다 유대인은 표적을 구하고 헬라인은 지혜를 찾
> 으나 우리는 십자가에 못 박힌 그리스도를 전하니 유대인에게는 거리끼는 것이요 이방
> 인에게는 미련한 것이로되 오직 부르심을 받은 자들에게는 유대인이나 헬라인이나 그
> 리스도는 하나님의 능력이요 하나님의 지혜니라 하나님의 어리석음이 사람보다 지혜
> 롭고 하나님의 약하심이 사람보다 강하니라

자랑할 게 없다는 걸 알아

> **고린도전서 1장 26~31절**
> 형제들아 너희를 부르심을 보라 육체를 따라 지혜로운 자가 많지 아니하며 능한 자가 많
> 지 아니하며 문벌 좋은 자가 많지 아니하도다 그러나 하나님께서 세상의 미련한 것들을
> 택하사 지혜 있는 자들을 부끄럽게 하려 하시고 세상의 약한 것들을 택하사 강한 것들을
> 부끄럽게 하려 하시며 하나님께서 세상의 천한 것들과 멸시 받는 것들과 없는 것들을 택
> 하사 있는 것들을 폐하려 하시나니 이는 아무 육체도 하나님 앞에서 자랑하지 못하게 하
> 려 하심이라 너희는 하나님으로부터 나서 그리스도 예수 안에 있고 예수는 하나님으로
> 부터 나와서 우리에게 지혜와 의로움과 거룩함과 구원함이 되셨으니 기록된 바 자랑하
> 는 자는 주 안에서 자랑하라 함과 같게 하려 함이라

하나님이 어떤 사람을 선택하셨는지에 주목해 봅시다. 하나님이 선택하
신 사람들은 지혜롭거나 권력이 있지 않았고, 훌륭한 가문 출신도 아니
었습니다. 오히려 연약하고 하찮으며 멸시당하는 사람들이었습니다. 그

새로운 정체성

택함 받은 천국 시민으로서
거룩하게 살다.

행동하는 사랑

하나님과 사람을 향한 사랑은
삶에서 구체적으로 나타난다.

들의 이력서에는 화려한 경력이 하나도 없었습니다. 하나님은 왜 세상이 간과하는 사람을 선택하셨을까요? 바울은 이 질문에 대해 두 차례에 걸쳐 답변했습니다. 아무도 자신의 행위를 자랑하지 않고, 오히려 하나님이 행하신 일을 자랑하도록 만들기 위해서였습니다(고전 1:29, 31). 이러한 하나님의 선택은 우리에게 그분의 은혜를 상기시키고 우리를 겸손으로 인도합니다. 우리의 구원은 우리가 누구인지, 무슨 일을 했는지에 달려 있지 않습니다. 우리가 우리 자신을 자랑할 수 없는 것은, 우리 안에 자랑할 만한 것이 아무것도 없기 때문입니다.

> **하나님이 행하신 분명한 일을, 마치 자신이 한 것처럼 자랑하고 싶은 유혹을 느낀 적이 있나요? 하나님이 우리의 삶에 행하신 일을 고백하기 위해서는 우리의 생각을 어떻게 바꾸어야 할까요?**

그리스도의 몸 알짬 교리 **99**

신약은 교회를 그리스도의 몸으로 묘사합니다. 교회는 그리스도를 머리로 하며(골 1:18), 이 땅에서 그리스도의 대리인으로 존재하며 활동합니다. 이것은 교회가 그리스도의 사역의 연장으로서, 대위임령(마 28:18)을 실행함으로써 그리스도께서 하신 일을 이루어 나간다는 것을 의미합니다. 이에 더하여 교회를 그리스도의 몸으로 묘사함으로써 우리는 각 그리스도인이 서로 연결되어 있으며, 성장과 성화를 위해 서로 의지하고 있음을 보게 됩니다(고전 12장).

그리스도와의 연결

바울은 복음이 사람들의 기대를 뒤엎고 구원에 대한 모든 자랑을 끝낸다는 사실을 상기시키면서 고린도 교회의 분열을 다루었습니다. 예수님은 우리의 지혜, 의, 성화, 구속이십니다. 따라서 하나님의 백성에게는 이기적인 자랑이나 분열이 있어서는 안 됩니다.

목회자에게 보내는 편지

예수님의 본을 따라
진리를 알도록 인도하다.

그리스도와 함께 상속자가 됨

그리스도를 통해
하나님의 자녀로 입양되다.

하나님이 들려주시는 이야기는 오늘을 사는 나와 늘 연결되어 있습니다. 아래 질문에 답하면서 성경 이야기가 내 이야기와 어떻게 연결되는지 생각해 봅시다.

▶ 사람은 모든 면에서 서로 다르지만 하나 될 수 있습니다. 이를 위해 복음은 어떻게 우리를 도와줄까요?

▶ 그리스도가 아닌 우리 자신에게 관심을 집중하는 모습에는 어떤 것이 있나요?

▶ 하나님이 여러분을 그분께 더 가까이 이끌기 위해 사용하신 영적 지도자가 있나요? 그 지도자가 가르쳐 준 것은 무엇인가요?

▶ 다른 사람의 재능과 은사를 바른 관점에서 보려고 할 때 복음은 어떤 도움을 줄까요?

하나님의 이야기
하나님이 그분의 아들
예수 그리스도를 통해
우리를 구속해 주신 이야기

우리의 이야기
우리의 이야기가
하나님의 이야기와
만나는 곳

YOUR MISSION

생각

그리스도인에게는 보고 따를 수 있는 경건한 모범이 필요합니다. 히브리서 13장 7절에 의하면 이런 지도자는 하나님의 말씀에 따라 말하고, 하나님의 말씀에 따라 살아갑니다. 또한 이 기준은 우리가 지도자 가운데 누구에게 주목해야 할지 판가름할 수 있도록 도와줍니다. 하나님의 말씀을 사랑하고 그것을 제대로 해석하는 지도자가 있나요? 하나님의 말씀을 입으로만 말하는 것이 아니라 일상생활에서 실천하는 지도자가 있나요? 만일 그렇다면 그 지도자에게 주목하고, 그들로부터 배워야 합니다.

- 개인적으로 존경하는 믿음의 영웅은 누구인가요?
- 지도자가 걸어온 믿음의 여정과 그 결과를 검토한 후 그들을 따르라고 했던 히브리서 저자의 지시가 중요한 이유는 무엇일까요?

마음

하나님이 교만에 대해 어떻게 생각하시는지 우리는 잘 압니다. 하나님은 교만한 자를 물리치고 대적하시지만, 겸손한 자에게는 은혜를 주십니다(시 138:6; 잠 3:34; 눅 1:52; 약 4:6; 벧전 5:5). 하나님이 이렇게 하시는 이유가 무엇일까요? 교만과 자랑이란 근본적으로 '나 혼자로 충분하고 하나님은 필요 없다'라고 하는 자기 선언이기 때문입니다. 그러므로 우리는 하나님 앞에서 겸손하기 위해 자기 자랑과 과시를 주의해야 합니다.

- 그리스도인이 개인적으로 그리스도의 겸손과 섬김과 순종을 닮아 가는 것에 집중하는 것은, 그들이 속한 교회의 단결을 이끄는 데에 어떤 도움을 줄까요?
- 남에게 자랑하느라 하나님과의 친밀한 관계가 가로막힌 삶의 영역이 있나요?

행동

우리는 섬김을 받기 위해 그리스도의 몸인 교회를 자주 찾습니다. 교회는 예수님의 손과 발의 역할을 하는 곳이기에 우리가 교회에서 섬김과 사랑을 받는 것은 마땅합니다. 그러나 겸손하게 서로 섬기지 않고, 하나님의 백성에게서 무엇인가를 얻어 내려고만 하는 것은 잘못입니다. 예수님은 섬김을 받기 위해서가 아니라 섬기기 위해 이 땅에 오셨습니다. 이 겸손의 본보기에서 우리의 화목이 시작됩니다.

- 교회에서 무엇인가를 얻어 내려고만 하는 생각이 잘못된 이유는 무엇일까요?
- 이미 받은 것을 주위에 돌려줄 수 있도록 이번 한 주 동안 어떻게 섬길 수 있을까요?

> 다음 모임까지 **마가복음 11~16장**을 읽어 보세요.

   02 우리는 십자가 안에서 하나

03

우리에게 필요한 건 긍휼이야

성경 말씀 — 야고보서 2장 1~13절

포 인 트 — 하나님은 우리가 모든 사람을 차별하지 않으며 그들에게 긍휼하기를 원하신다.

등 장 인 물 — 야고보(예수님의 형제, 예루살렘 교회의 지도자)

메시지 좌표 — 사도 야고보는 하나님의 백성이 다른 사람을 차별하면 안 된다고 편지했습니다. 지금 시대와 유사한 문화에 살던 야고보서의 수신자들은 차별이라는 유혹에 지면해 있었습니다. 그런데 차별은 복음을 실천하고 하나님 명령을 따르는 것과 정반대라는 사실을 야고보는 분명히 일있습니다.

공평하게 대함

차별하지 않고
친절을 베풀다.

새로운 정체성

택함 받은 천국 시민으로서
거룩하게 살다.

하나님의 형상을 어떻게 차별하니

야고보는 세상에 물들지 않도록 권면했습니다. 우리는 거룩해야 하는데, 이는 세상과 달라야 한다는 의미입니다. 야고보는 차별 문제를 언급함으로써 세상에 물들지 않고 거룩함을 지키는 주제를 이어 나갔습니다.

차별 때문에 어려움을 겪은 적이 있나요?

야고보서 2장 1~4절
내 형제들아 영광의 주 곧 우리 주 예수 그리스도에 대한 믿음을 너희가 가졌으니 사람을 차별하여 대하지 말라 만일 너희 회당에 금가락지를 끼고 아름다운 옷을 입은 사람이 들어오고 또 남루한 옷을 입은 가난한 사람이 들어올 때에 너희가 아름다운 옷을 입은 자를 눈여겨 보고 말하되 여기 좋은 자리에 앉으소서 하고 또 가난한 자에게 말하되 너는 거기 서 있든지 내 발등상 아래에 앉으라 하면 너희끼리 서로 차별하며 악한 생각으로 판단하는 자가 되는 것이 아니냐

그리스도인은 자신이 살아가는 방식을 통해 구원이 무엇인지를 드러냅니다. 그리스도인이 인종, 지위, 성향 등 한 개인의 특성을 놓고 차별하는 것은 모순입니다. 그리스도인은 외적인 조건으로 사람들을 차별해서는 안 됩니다. 차별하는 것은 그리스도인이 섬기고 전하는 하나님의 성품과 일치하지 않기 때문입니다. 성경은 하나님이 사람을 외모로 취하지 않으신다고 분명히 전합니다(롬 2:11). 하나님의 형상을 닮은 우리는 사람들의 외모, 사람들이 믿거나 믿지 않는 것, 사람들이 우리를 위해 할 수 있거나 할 수 없는 일 때문에 차별해서는 절대로 안 됩니다.

세상에서 하나님 나라 살기

야고보서 2장 5~7절
내 사랑하는 형제들아 들을지어다 하나님이 세상에서 가난한 자를 택하사 믿음에 부요하게 하시고 또 자기를 사랑하는 자들에게 약속하신 나라를 상속으로 받게 하지 아니하셨느냐 너희는 도리어 가난한 자를 업신여겼도다 부자는 너희를 억압하며 법정으로 끌고 가지 아니하느냐 그들은 너희에게 대하여 일컫는 바 그 아름다운 이름을 비방하지 아니하느냐

차별은 단순히 자신의 잇속만 차리는 행위이기 때문에 악한 것이 아닙니다. 그보다 훨씬 사악한 것입니다. 차별은 복음 자체를 약화시키는 것이기 때문입니다. 야고보는 하나님이 세상의 가난한 사람으로 하여금 믿음 안에서 부유하도록 선택하셨다는 사실을 교회가 기억하도록 했습니다(시 68:10; 마 5:3). 우리는 재정적이든 영적이든 여러 가지 이유 때문에 다른 사람의 도움을 필요로 하며 살아갈 수밖에 없습니다. 이처럼 우리가 무기력한 상태에 있을 때 복음은 우리 마음에 뿌리를 내리고 자라나기 시작하는 것입니다. 우리가 하나님의 은혜를 우리 삶에 넘쳐흐르게 경험하기 시작하는 것은 바로 복음 때문입니다.

하나님은 세상이 가치 있게 여기고 따르고 박수 치는 것과 정반대의 자리로 우리를 부르십니다. 우리는 영원을 바라보면서 하나님을 따릅니다. 그런 우리의 목표, 소망, 선택은 그리스도를 모르는 사람의 그것과 근본적으로 다를 수밖에 없습니다. 세상은 우리가 유행을 따르도록 끊임없이 우리를 부추길 것입니다. 이따금 기독교적 가치와 신념이 세상의 질서와 일치할 때도 있지만 그렇지 않은 경우가 더 많습니다. 우리는 지금 사는 세상이 우리의 고향이 아님을 계속해서 기억해야만 합니다. 우리는 섬김을 받기 위해서가 아니라, 섬기기 위해서 존재합니다. 우리 삶도 내 것이 아니라 하나님께 드리는 제물이어야 합니다.

세상의 뜻이 아닌 하나님의 뜻대로 목표를 세우고, 소망을 품고, 선택을 하고 있나요?

____

____

한마디로, 차별은 죄라고

야고보서 2장 8~13절

너희가 만일 성경에 기록된 대로 네 이웃 사랑하기를 네 몸과 같이 하라 하신 최고의 법을 지키면 잘하는 것이거니와 만일 너희가 사람을 차별하여 대하면 죄를 짓는 것이니 율법이 너희를 범법자로 정죄하리라 누구든지 온 율법을 지키다가 그 하나를 범하면 모두 범한 자가 되나니 간음하지 말라 하신 이가 또한 살인하지 말라 하셨은즉 네가 비록 간음하지 아니하여도 살인하면 율법을 범한 자가 되느니라 너희는 자유의 율법대로 심판 받을 자처럼 말도 하고 행하기도 하라 긍휼을 행하지 아니하는 자에게는 긍휼 없는 심판이 있으리라 긍휼은 심판을 이기고 자랑하느니라

행동하는 사랑

하나님과 사람을 향한 사랑은 삶에서 구체적으로 나타난다.

목회자에게 보내는 편지

예수님의 본을 따라 진리를 알도록 인도하다.

야고보는 듣기 좋게 꾸며서 말하지 않았습니다. 차별이 죄임을 분명하게 밝혔습니다. 하나님의 마음을 거스르는 판단과 편애일 뿐 아니라 마음에서 나오는 위선이었습니다. 우리는 최악의 상태에서 구원받았습니다. 그리스도께서 우리가 하나님의 가족이 될 수 있도록 하나님의 진노를 짊어지셨는데(벧전 2:9~10 참조) 우리에게는 그분께 바칠 것이 아무것도 없었습니다. 우리는 집도 없고 아버지도 없는 절망적인 상태의 고아였습니다. 그런 우리를 하나님은 구원하셨고, 우리에게 그분의 영원한 나라의 풍성함과, 그분의 사랑을 받는 자녀의 지위를 허락해 주셨습니다. 우리가 가진 모든 것은 오직 하나님께 받은 것입니다.

> **다른 사람을 긍휼히 여길 수 없다고 느낄 때에, 판단하는 자세가 아닌 은혜로 반응할 수 있는 방법은 무엇일까요?**

공의로우신 하나님　　알짬 교리 **99**

하나님은 창조하신 도덕적 피조물을 위하여 그분의 의와 일치하는 표준을 세우셨고, 그들은 그 의로운 표준대로 심판받을 것입니다(레 11:44~45; 롬 2:5~11; 고후 5:10). 만일 하나님이 심판하지 않으신다면, 그것은 의로우신 하나님의 성품에 어긋나기 때문에 부당한 일이 될 것입니다. 인류는 하나님의 의로운 표준대로 사는 데에 실패함으로써 죄를 범했기 때문에, 하나님은 스스로도 의로우시고 그리스도를 믿는 사람도 의롭게 만드시는 조치를 취하셨습니다(롬 3:25~26).

그리스도와의 연결

초대교회가 차별하는 모습을 보이자 야고보는 하나님의 긍휼과 심판에 입각해서 그들의 정체성을 상기시켰습니다. 우리가 예수 그리스도에 대한 믿음을 보여 줄 수 있는 방법은 하나님이 주신 법을 지키고, 그분이 심판보다 선호하시는 긍휼을 선포하는 것입니다. 이 긍휼은 우리 때문에 당하신 예수님의 대속적인 죽음에서 가장 잘 드러납니다. 하나님이 예수 그리스도를 통해 우리에게 긍휼을 베풀어 주셨기에, 우리도 다른 사람에게 긍휼을 베풀어야 합니다.

그리스도와 함께 상속자가 됨

그리스도를 통해 하나님의 자녀로 입양되다.

믿는 자들의 교제

하나님이 우리를 사랑하시듯 서로 사랑하다.

하나님이 들려주시는 이야기는 오늘을 사는 나와 늘 연결되어 있습니다. 아래 질문에 답하면서 성경 이야기가 내 이야기와 어떻게 연결되는지 생각해 봅시다.

▶ 주위 사람들이 나를 통해 어떤 식으로 그리스도를 경험하고 있다고 생각하나요?

▶ 복음과 세상 방식 가운데 어떤 것을 따르고 있나요? 복음 대신 세상의 편에 서서 세상의 가치관에 따라 행동하고 생각하는 때는 언제인가요?

▶ 사람의 기준에는 미련해 보이는 것을 알면서도 영원의 관점에서 중대한 결정을 내렸던 경험이 있나요?

▶ 다른 사람을 판단하지 않고 차별하지 않는 것에 관해서 어떤 도전을 받았나요?

하나님의 이야기
하나님이 그분의 아들
예수 그리스도를 통해
우리를 구속해 주신 이야기

우리의 이야기
우리의 이야기가
하나님의 이야기와
만나는 곳

YOUR MISSION

생각

하나님 나라는 각 족속과 방언과 나라에서 온 사람들로 가득할 것입니다. 그러나 우리와 동일한 외모를 가지고, 똑같이 말하고 행동하는 사람들만 있는 것이 아닙니다. 우리의 영원한 고향에는 아름답고 기쁨이 가득한 각양각색의 목소리들이 어우러질 것입니다. 그 영광스러운 날을 예비하기 위해 오늘날 우리의 교회보다 더 좋은 곳은 없습니다.

- 우리 교회는 다양성을 가치 있게 여기나요? 그것을 어떤 식으로 지지하나요?
- 그리스도인이 다양성을 위해 침묵하지 않고 투쟁하는 것이 중요한 이유는 무엇인가요?

마음

긍휼을 절실히 필요로 하는 사람에게 그것을 베풀지 않고 있다면, 돌이켜 자신의 마음을 살펴봐야 합니다. 말만이 아니라 근본적으로 마음이 변화되었나요? 하나님은 끝없는 자비, 변함없는 사랑, 깊은 인자를 베푸십니다. 우리는 하나님의 은혜로 그분의 자녀가 되었고 구원을 경험했습니다. 우리는 이 경험을 삶의 원동력으로 삼고, 주위의 모든 사람에게 하나님의 영광을 드러내야 합니다.

- 다른 사람을 긍휼히 여기는 것이 힘든 이유는 무엇일까요?
- 마태복음 18장의 용서하지 않은 종의 비유를 읽어 보세요(마 18:21~35). 이 비유는 다른 사람에게 긍휼을 베풀어야 한다는 점에 관해 무엇을 가르쳐 주나요?

행동

그리스도인은 편파적인 태도에서 벗어나야 합니다. 인종 차별, 성차별, 엘리트주의 등 수많은 편견이 교회를 어지럽히고 있습니다. 교회의 위대하고 참된 증표 가운데 하나는 긍휼입니다. 우리는 상처받고 고통받고 따돌림당하고 소외된 사람에게 긍휼, 자비, 관심을 보여야 합니다. 이를 통해 우리는 생각보다 더 많은 공통점을 그들과 공유한다는 사실을 발견하게 될 것입니다. 우리는 모두 구원자가 필요하고 구원받아야만 합니다. 긍휼과 은혜가 필요합니다.

- 우리 삶에 드러나는 편파적인 태도에는 어떤 것이 있나요? 하나님의 긍휼을 드러내기 위해서는 어떻게 해야 할까요?
- 상처받고, 고통받고, 따돌림당하고, 소외된 사람에게 사랑과 긍휼을 전하기 위해서 어떤 적극적인 노력을 하고 있나요?

> 다음 모임까지 **누가복음 19:28~24:53**을 읽어 보세요.

04

새로운 정체성으로 살아가기

성경 말씀 베드로전서 2장 1~17절

포 인 트 교회는 하나님의 백성이라는 정체성을 토대로 세상 방식과는 다른 방식으로 살아야 한다.

등 장 인 물 베드로(예수님의 열두 제자 가운데 한 명으로, 초대교회를 이끄는 주요 사도가 되었음)

메시지 좌표 교회란 무엇일까요? 그리스도인이 일주일에 몇 번 모이는 장소에 불과할까요? 아니면 장소 이상의 의미가 있을까요? 사도 베드로의 말에 따르면, 교회의 의미는 물리적인 건물보다 훨씬 큰 것이 확실합니다. 그는 하나님이 교회를 창조하실 때 계획하셨던 아름다움과 정교함을 보여 주기 위해 비유를 사용해서 이야기했습니다.

새로운 정체성

택함 받은 천국 시민으로서
거룩하게 살다.

행동하는 사랑

하나님과 사람을 향한 사랑은
삶에서 구체적으로 나타난다.

죄에 지지 말고 끝까지 싸우자

베드로전서 2장 1~8절

그러므로 모든 악독과 모든 기만과 외식과 시기와 모든 비방하는 말을 버리고 갓난 아기들같이 순전하고 신령한 젖을 사모하라 이는 그로 말미암아 너희로 구원에 이르도록 자라게 하려 함이라 너희가 주의 인자하심을 맛보았으면 그리하라 사람에게는 버린 바가 되었으나 하나님께는 택하심을 입은 보배로운 산 돌이신 예수께 나아가 너희도 산 돌같이 신령한 집으로 세워지고 예수 그리스도로 말미암아 하나님이 기쁘게 받으실 신령한 제사를 드릴 거룩한 제사장이 될지니라 성경에 기록되었으되 보라 내가 택한 보배로운 모퉁잇돌을 시온에 두노니 그를 믿는 자는 부끄러움을 당하지 아니하리라 하였으니 그러므로 믿는 너희에게는 보배이나 믿지 아니하는 자에게는 건축자들이 버린 그 돌이 모퉁이의 머릿돌이 되고 또한 부딪치는 돌과 걸려 넘어지게 하는 바위가 되었다 하였느니라 그들이 말씀을 순종하지 아니하므로 넘어지나니 이는 그들을 이렇게 정하신 것이라

베드로는 재빨리, 적극적으로 죄와 싸우라고 말했습니다. 그런데 우리는 죄 짓기를 반복하고, 심지어 편하게 여깁니다. 죄를 발견하고도 충격에 빠지거나 공포에 떨지 않습니다. 오히려 죄를 붙들고 그것이 우리를 점령하게 합니다. 분노, 이기심, 교만 등 죄의 목록은 끝이 없습니다.

우리는 예수님의 희생을 통해 하나님과 바른 관계를 가지게 되었습니다. 그런 우리에게는 하나님의 사역이 완성되기까지 기다리며 해야 할 많은 일이 있습니다. 죄는 여전히 우리 옆에 바짝 달라붙어 있기에, 성경은 계속해서 죄를 물리치라고 명령합니다(히 12:1). 이것은 우리가 달려야 할 경주이며, 싸워야 할 전쟁입니다. 우리는 그리스도의 내면에서 이루어진 일을 따라 사는 법을 평생 배워야 합니다.

그리스도인의 삶에서 죄와의 싸움은 수시로 일어나는 일임을 분명히 깨닫고 있나요?

____

____

선행으로 선한 사람이 되지는 않습니다. 그러나 선한 사람은 선행을 합니다.
마르틴 루터 Martin Luther

택함받은 백성이 모인 곳이 교회야

베드로전서 2장 9~10절
그러나 너희는 택하신 족속이요 왕 같은 제사장들이요 거룩한 나라요 그의 소유가 된 백성이니 이는 너희를 어두운 데서 불러 내어 그의 기이한 빛에 들어가게 하신 이의 아름다운 덕을 선포하게 하려 하심이라 너희가 전에는 백성이 아니더니 이제는 하나님의 백성이요 전에는 긍휼을 얻지 못하였더니 이제는 긍휼을 얻은 자니라

베드로는 우리가 누구인지에 대해 네 가지로 묘사했습니다. 가장 먼저 언급한 것은 '택함받은 족속'입니다. 이는 하나님이 아브라함을 통해 새로운 백성을 형성하셨던 모습과 연관됩니다(창 12:1~3). 이스라엘의 자녀들은 아브라함이라는 동일한 인물로부터 유래한 백성인데, 하나님의 택함을 받아 그분의 목적을 위해 구별되었습니다. 이와 동일하게 교회 또한 우리에게 새 생명을 주시고 우리를 새로운 피조물로 만드신 예수 그리스도라는 동일한 분으로부터 유래한 백성입니다(고후 5:17). '택함받은 족속'이라는 말은, 우리의 일차적인 정체성이 인종, 국적, 문화에 근거하지 않는다는 의미입니다. 우리의 일차적인 정체성은 무엇보다도 우리가 그리스도 안에 있다는 사실에 근거합니다. 우리가 예수님 안에서 마음과 힘을 한데 뭉치는 단결하는 백성이 되는 것이 그분의 목적입니다(요 17:20~23). 다양성으로 가득한 하나님의 백성이 그리스도 안에서 참으로 하나가 될 때 아름다움이 드러납니다.

목회자에게 보내는 편지

예수님의 본을 따라 진리를 알도록 인도하다.

다르게 살면 행동이 달라지지

베드로전서 2장 11~17절
사랑하는 자들아 거류민과 나그네 같은 너희를 권하노니 영혼을 거슬러 싸우는 육체의 정욕을 제어하라 너희가 이방인 중에서 행실을 선하게 가져 너희를 악행한다고 비방하는 자들로 하여금 너희 선한 일을 보고 오시는 날에 하나님께 영광을 돌리게 하려 함이라 인간의 모든 제도를 주를 위하여 순종하되 혹은 위에 있는 왕이나 혹은 그가 악행하는 자를 징벌하고 선행하는 자를 포상하기 위하여 보낸 총독에게 하라 곧 선행으로 어리석은 사람들의 무식한 말을 막으시는 것이라 너희는 자유가 있으나 그 자유로 악을 가리는 데 쓰지 말고 오직 하나님의 종과 같이 하라 뭇 사람을 공경하며 형제를 사랑하며 하나님을 두려워하며 왕을 존대하라

그리스도와 함께 상속자가 됨

그리스도를 통해 하나님의 자녀로 입양되다.

새로운 정체성과 목적에 맞게 살아갈 수 있는 열쇠 가운데 하나는 새로운 시민권을 분명하게 이해하는 것입니다. 한 발은 세상적 생활 양식에 담그고 다른 한 발은 기독교적 생활 양식에 담근 채로는, 거룩하라고 하

신 하나님의 부르심에 순종할 수 없습니다. 이렇게 사는 현실은 거짓일 뿐입니다. 이 두 가지 생활 양식은 전혀 다른 것이기 때문입니다.

앞서 언급된 교회에 관한 네 가지 묘사(택하신 족속, 왕 같은 제사장, 거룩한 나라, 하나님의 소유가 된 백성)는 교회가 세상과 근본적으로 다르다는 사실을 상기시킵니다. 베드로가 표현한 것처럼, 우리는 거류민이자 나그네입니다. 이것이 그리스도 안에서의 새로운 정체성입니다. 우리는 이 정체성을 바탕으로 행동해야 합니다. 모든 행동에는 언제나 그 근원에 정체성이 있습니다.

베드로가 가르쳐 준 세 가지 방법 가운데 가장 따르고 싶은 방법은 무엇인가요?

____

____

믿는 자들의 교제

하나님이 우리를 사랑하시듯
서로 사랑하다.

성령 안에서의 삶

육체의 일을 버리고
성령의 열매를 맺다.

> **하나님의 백성** 알짬 교리 **99**
>
> 성경은 하나님의 성전, 즉 교회를 '하나님의 백성'으로 묘사합니다(고후 6:16 참조). 하나님은 그리스도의 대속적인 죽음을 통해 유대인과 이방인으로 구성된 교회를 세우셨습니다. '교회'는 두 가지 의미로 쓰입니다. 첫째, 그리스도의 주 되심을 고백하며 언약을 맺은 사람들로 이루어진 보이는 교회입니다. 이는 각 지역에 있는 지교회를 통해서 나타납니다. 아울러 이처럼 믿음을 고백하는 모든 사람으로 이루어진 보편적인 교회를 생각할 수 있습니다. 이러한 교회를 가리켜 보편적인 보이는 교회라고 합니다. 둘째, 보이지 않는 교회가 있습니다. 즉 하나님이 그리스도 안에서 선택하신 모든 백성을 가리킵니다. 보이지 않는 교회에 속한 하나님의 백성은 통상적으로 보이는 교회를 통해서 하나님의 보호와 돌보심을 받으며, 하나님의 다스림 아래 살아가며, 예외 없이 모두 구원받습니다. 이와 조금 다르게, 신앙고백을 통해 나타나는 보이는 교회에는 신앙고백을 거짓으로 해서 구원받지 못하는 이들이 있을 수 있습니다.

그리스도와의 연결

초대 그리스도인들은 그리스도를 믿는다는 이유로 핍박과 고난을 당했습니다. 베드로는 그들에게 하나님의 백성이라는 정체성을 상기시켰습니다. 그들은 그리스도에 의해 형성되었고 그분을 전하도록 보냄을 받은 백성이었던 것입니다. 우리를 위해 십자가에서 고난당하신 그리스도와 함께 그리스도인은 화목되었습니다. 따라서 그들은 하나님이 고난을 사용하셔서 자신들을 예수님의 형상으로 빚으실 것을 기대할 수 있습니다.

하나님이 들려주시는 이야기는 오늘을 사는 나와 늘 연결되어 있습니다. 아래 질문에 답하면서 성경 이야기가 내 이야기와 어떻게 연결되는지 생각해 봅시다.

▶ 하나님과 그분의 말씀을 얼마나 간절히 원하나요? 하나님의 선하심을 생각할 때 그분의 말씀을 향한 열정이 더 커지나요?

▶ 혼자 있는 시간에 하나님께 친밀하게 다가갈 수 있는 방법에는 어떤 것이 있을까요? 다른 사람과 함께 있을 때 그들과 함께 하나님께 나아가는 방법에는 어떤 것이 있을까요?

▶ 그리스도인에 대한 베드로의 표현 가운데 이해하기 어려운 것은 무엇이며, 그 이유는 무엇인가요? 자신과 가장 깊이 연관되는 것은 무엇이며, 그 이유는 무엇인가요?

▶ 우리가 세상 사람과 다르게 살아가면서도 그들에게 거만하게 보이지 않으려면 어떻게 해야 할까요?

하나님의 이야기
하나님이 그분의 아들
예수 그리스도를 통해
우리를 구속해 주신 이야기

우리의 이야기
우리의 이야기가
하나님의 이야기와
만나는 곳

YOUR MISSION

생각

베드로는 그리스도인의 정체성에 관해 전부 복수(複數)로 표현했습니다. 일부 그리스도인이 때로 개인적으로 살아가며 그리스도와의 관계에만 중점을 두는데 이것을 잘못된 일이라고만 할 수는 없습니다. 그러나 구원에는 우리가 놓쳐서는 안 되는 공동체적인 측면이 있습니다. 우리는 개인적으로 구원받지만, 그렇다고 개인적으로 살아가기만 해서는 안 됩니다.

- 하나님은 왜 혼자일 때보다 함께할 때 더 강한 능력을 드러내게 하셨을까요?
- 주변에 하나님의 백성들이 있어서 그 덕분에 힘을 얻었던 경험이 있나요?

마음

히브리서 11장의 '믿음의 전당'에서 히브리서 저자는 '믿음으로' 살았던 많은 사람들을 기억했습니다. 믿음이 가득했던 이 사람들은 자신들의 진짜 고향이 하늘에 있음을 알았습니다. 그들은 천국의 시민권을 가졌다는 정체성을 가지고, 왕이신 예수님께만 충성했습니다. 그들은 이 땅에서 얻게 될 지위가 아니라 이 세상에서 살아가는 방식이 중요하다는 것을 이해했습니다. 세상이 우리를 눈여겨 볼 때 우리는 자신을 부풀리기 위해서가 아니라 다른 사람에게 거룩하신 하나님을 드러내기 위해 구별될 수 있습니다.

- 영원에 초점을 맞추며 살아간다면 일상에서 우리의 태도와 행동은 어떻게 바뀔까요?
- 하나님 나라의 시민권보다 세상의 지위를 더 사랑하는 사람의 삶은 어떤 모습일까요?

행동

우리가 택함받았고 하나님의 자녀로 입양되었으며 하나님에 의해 구별되었다는 사실을 내면화하고 믿고 실천하는 것이 중요합니다. 그런데 이 진리의 목적은 단지 우리에게 건강한 자화상을 주는 정도가 아닙니다. 구원의 최종 목표는 하나님이 영광받으시는 것입니다. 하나님의 구원 계획과 그리스도의 십자가 사역과 우리 안에서 계속하시는 성령님의 사역은 하나님의 영광을 가리킵니다. 우리가 주님의 소유인 이유가 바로 이것입니다. 주님을 널리 찬양하는 것 말입니다. 성경이 구원자의 영광스러운 선율로 가득하듯이, 매일의 우리 행동과 태도도 주님을 찬양해야 합니다.

- 그리스도인의 새로운 정체성을 기억하면서 주위 사람에게 복음을 전하고 있나요?
- 이번 한 주 동안 어떤 말과 행동으로 하나님께 영광을 돌릴 수 있을까요?

> 다음 모임까지 **요한복음 11:55~21:25**을 읽어 보세요.

05

참된 사랑을 보여 줘

성경 말씀	요한일서 3장 10~18절
포 인 트	하나님을 향한 사랑과 다른 사람들을 향한 사랑은 참 기독교의 열매이다.
등 장 인 물	요한(예수님의 열두 제자 가운데 한 명, 요한복음의 저자)
메시지 좌표	사랑이란 무엇일까요? 우리의 문화에서는 사랑의 개념을 무한히 늘어놓습니다. 즉 '사랑'이라고 불리는 느낌을 일으키는 뇌의 화학 반응부터, 중요한 때마다 모든 사람을 받아들이고 긍정하는 것까지 다양합니다. 하지만 그것이 얼마나 부도덕한지에는 관심을 두지 않습니다. 그렇다면 성경은 사랑에 관해 무엇이라고 말할까요? 하나님은 사랑의 근원이사 창조주, 사랑 그 자체이신 분이므로 참된 사랑에 대해서는 하나님에게서 단서를 찾아야 합니다.

행동하는 사랑

하나님과 사람을 향한 사랑은
삶에서 구체적으로 나타난다.

목회자에게 보내는
편지

예수님의 본을 따라
진리를 알도록 인도하다.

예수님을 따르면 영적 DNA가 바뀌지

요한일서 3장 10~13절
이러므로 하나님의 자녀들과 마귀의 자녀들이 드러나나니 무릇 의를 행하지 아니하는
자나 또는 그 형제를 사랑하지 아니하는 자는 하나님께 속하지 아니하니라 우리는 서로
사랑할지니 이는 너희가 처음부터 들은 소식이라 가인같이 하지 말라 그는 악한 자에게
속하여 그 아우를 죽였으니 어떤 이유로 죽였느냐 자기의 행위는 악하고 그의 아우의 행
위는 의로움이라 형제들아 세상이 너희를 미워하여도 이상히 여기지 말라

식물이 맺는 열매가 그 유전적 본성과 연결되어 있는 것처럼, 사람이 맺
는 영적 열매 또한 그 유전적 본성과 연결되어 있습니다. 모든 인류는 아
담의 죄성을 물려받았기 때문에 타락한 영적 DNA로 말미암아 죽음과
도덕적 부패와 하나님과 멀어지는 길로 나아갈 뿐입니다

오직 예수님을 통해서만 영적 DNA 변화가 일어납니다. 그분을
믿을 때 우리는 새 생명, 새 정체성, 새 목적으로 다시 태어납니다. 죽고
부패한 이전 상태는 사라지고, 그곳에 우리의 영생이 주어지고 우리의
영적 변화가 시작됩니다.

**그리스도 안에서 새 생명으로 사는 사람에게는 어떤 새로운 특성
이나 특징이 나타날까요?**

우리가 구원받는 순간, 하나님은 우리 안에서 위대한 사역을 시작하십니
다. 우리가 점점 더 그분의 아들을 닮아 가게 하시는 이 사역을, 하나님은
주님과 대면해 부족함 없이 온전하게 되는 그날까지 평생 우리에게 펼치
실 것입니다. 그러므로 모든 사람은 다듬어지고 있는 작품들입니다. 우
리의 새 정체성에 대한 증거는 우리 안에 시작된 이 사역입니다.

> 사랑은 애정 어린 감정이 아니라 사랑하는 사람이 더할 나위 없이
> 좋게 되기를 한결같이 바라는 것입니다.
> C. S. 루이스 C. S. Lewis

예수님의 사랑으로만 사랑할 수 있어

요한일서 3장 14~15절
우리는 형제를 사랑함으로 사망에서 옮겨 생명으로 들어간 줄을 알거니와 사랑하지 아니하는 자는 사망에 머물러 있느니라 그 형제를 미워하는 자마다 살인하는 자니 살인하는 자마다 영생이 그 속에 거하지 아니하는 것을 너희가 아는 바라

적극적인 사랑의 열매가 새로운 영적 DNA의 증거라면, 계속 죄를 짓는 것은 변화되지 않았다는 증거입니다. 요한은 우리에게 아주 놀라운 사실을 알려 주었습니다. 우리가 사망에서 생명으로 옮겨 간 것, 즉 구원받았다는 것을 알 수 있는 방법은 이웃을 사랑할 때라는 것입니다. 죄를 덜 짓거나 성경의 명령에 더 순종하는 것이 아닙니다. 예배 모임에 참석한 횟수나 성경을 얼마나 읽었느냐도 아닙니다. 그것들 모두 중요하고 구원의 증표가 될 수는 있습니다. 그러나 요한은 영생의 증거로 그리스도 안에 있는 형제자매를 사랑하라고 했습니다. 사랑은 우리를 세상과 구별되게 해 줍니다. 사랑에 실패하는 것은 증오인데, 증오는 세상의 특징입니다.

예수님은 산상수훈에서 이 문제를 가르치셨습니다(마 5:20~22). 서기관과 바리새인은 매우 종교적인 사람들이었습니다. 그들은 모든 소유에 대해 신실하게 십일조를 바쳤고, 모든 율법 조항을 준수했습니다. 그들은 종교를 고수했습니다. 누가 의로운지 말해야 한다면, 바로 이 사람들이라고 할 수 있습니다. 그럼에도 불구하고 예수님은 이들의 의로는 부족하다고 말씀하셨습니다. 이들이 보여 준 의를 능가하는, 오직 예수님의 의만이 충분할 수 있습니다. 예수님은 스스로 선을 행하는 자가 아무도 없다고 말씀하셨습니다(시 14:3). '선해' 보이는 종교적인 사람마저 선하지 않습니다.

전적으로 하나님이자, 전적으로 인간으로서 예수님은 우리가 절대 할 수 없는 완벽한 순종을 하셨습니다. 그 후 그분은 우리가 마땅히 받아야 할 죽음을 대신 당하심으로써 우리의 죄에 대한 진노의 대가를 치르셨습니다. 예수님이 무덤에서 부활하셨을 때 그분은 우리가 새 생명을 얻고, 하나님과 영생을 보낼 수 있도록 죽음을 정복하셨습니다. 그분의 완벽한 삶, 충분한 희생 제사, 능력 있는 부활 사역을 우리의 유일한 희망으로 여기고 그리스도 앞에 믿음으로 나아올 때, 엄청나고도 영광스러운 변화가 이루어집니다.

그리스도와 함께 상속자가 됨

그리스도를 통해 하나님의 자녀로 입양되다.

믿는 자들의 교제

하나님이 우리를 사랑하시듯 서로 사랑하다.

사랑받았으니 사랑할 수 있지

그가 우리를 위하여 목숨을 버리셨으니 우리가 이로써 사랑을 알고 우리도 형제들을 위하여 목숨을 버리는 것이 마땅하니라 누가 이 세상의 재물을 가지고 형제의 궁핍함을 보고도 도와 줄 마음을 닫으면 하나님의 사랑이 어찌 그 속에 거하겠느냐 자녀들아 우리가 말과 혀로만 사랑하지 말고 행함과 진실함으로 하자

하나님의 사랑을 하나의 '순환'으로 생각해 볼 수 있습니다. 다음 장에서 요한은 우리가 다른 사람을 사랑하는 이유는 하나님이 우리를 먼저 사랑하셨기 때문이라고 설명했습니다(요일 4:11, 19). 하나님은 우리를 향한 사랑을 보여 주시기 위해 그분의 아들을 보내 주셨습니다. 또한 그리스도께서는 우리를 향한 사랑을 보여 주시기 위해 십자가를 향해 걸어가셨습니다. 하나님은 우리가 그분의 사랑을 경험할 수 있는 방법을 주시기 위해 예수님을 죽음에서 일으키셨습니다. 하나님은 그리스도를 통해 우리가 사랑을 체험할 수 있는 순환의 여정을 시작하셨습니다. 우리는 이 사랑의 순환이 우리에게서 끝나게 해서는 안 됩니다.

주위 사람에게 사랑을 실제적으로 보여 줄 수 있을까요? 그러기 위해서는 어떻게 해야 할까요?

사랑이신 하나님　　　　알짬 교리 **99**

'하나님은 사랑이시라'라고 말하는 것은 사랑이 하나님의 고유한 성품이며, 삼위일체 하나님이신 성부, 성자, 성령 세 위격이 서로 완전한 사랑 가운데 계시며 사랑을 드러내신다는 뜻입니다. 인간들이 나누는 불완전한 사랑은 하나님 안에 있는 완전한 사랑의 희미한 그림자에 불과합니다. 하나님이 우리에게 보여 주신 가장 큰 사랑은 세상에 속한 좋은 것들을 주신 일이 아니라 우리가 하나님과 화목할 수 있도록 그리스도 안에서 자신을 내어 주신 일입니다.

그리스도와의 연결

사도 요한은 교회가 해야 할 참된 사랑의 본성을 가르쳤습니다. 그러면서 그리스도인의 사랑은 단순히 감정이나 말이 아니라 행위가 중요하다는 것을 상기시켰습니다. 사랑은 자신의 백성을 위해 생명을 내어놓으신 예수님의 행위에서 가장 분명하게 입증되고 정의되었습니다.

성령 안에서의 삶

육체의 일을 버리고 성령의 열매를 맺다.

영적 전쟁

하나님의 전신 갑주를 입고 마귀와 싸워 이기다.

하나님이 들려주시는 이야기는 오늘을 사는 나와 늘 연결되어 있습니다. 아래 질문에 답하면서 성경 이야기가 내 이야기와 어떻게 연결되는지 생각해 봅시다.

▶ 그리스도인이 되고 난 후 하나님이 이루셨다고 생각되는 변화를 경험한 적이 있나요?

▶ 내 안의 그리스도께서 하게 하셨다는 말로밖에 설명할 수 없는 사랑으로 누군가를 사랑해 본 적이 있나요?

▶ 그리스도와 하나님 사이의 바른 관계가 우리에게 주어졌다는 사실은, 다른 사람을 사랑하는 것에 대한 여러분의 생각에 어떠한 변화를 주었나요?

▶ 이떻게 하면 지금까지 사랑받아 온 만큼 다른 사람들을 실제로 사랑할 수 있을까요?

하나님의 이야기
하나님이 그분의 아들
예수 그리스도를 통해
우리를 구속해 주신 이야기

우리의 이야기
우리의 이야기가
하나님의 이야기와
만나는 곳

YOUR MISSION

생각

우리의 힘으로는 사랑할 수 없음을 크게 깨닫는 경험을 하는 것이 중요합니다. 그리스도께서 우리를 사랑하신 것처럼 다른 사람을 사랑하는 것은 초자연적인 능력으로만 가능합니다. 그렇기 때문에 예수님을 믿지 않는 사람은 참된 사랑의 열매를 맺을 수 없습니다. 왜 그럴까요? 첫째, 그들 안에는 성령님의 능력이 없기 때문입니다. 둘째, 참되고 진정한 사랑이 있어야 다른 사람도 모든 사랑의 원천이신 하나님 안에서 행복하기를 바라게 되기 때문입니다. 그러므로 불신자들은 사랑하라는 부르심을 절대로 실천할 수 없습니다.

- 세상적인 사랑은 하나님의 사랑과 어떻게 다르며, 왜 그분의 사랑에 이르지 못할까요?

- 다른 사람을 사랑의 원천이신 하나님께로 인도해야 하는 이유는 무엇인가요?

마음

가인과 아벨 이야기를 기억하나요? 두 사람의 제사 가운데 하나님은 아벨의 제사만 의로 받아들이셨습니다. 아벨은 '믿음의 전당'에 이름을 올렸는데, 그의 제사가 더 나은 이유는 믿음 때문입니다(히 11:4). 우리는 우리의 행위 때문이 아니라 믿음으로 은혜로이 구원을 받습니다(엡 2:8~9). 그러므로 가인과 아벨 이야기에서 두 사람이 모두 제사를 드리기는 했지만, 그 가운데 한 명만이 믿음으로 드렸다고 해야 할 것입니다. 바로 아벨 말입니다. 가인의 제사에는 마음이 없었고, 믿음이 없었고, 사랑이 없었습니다.

- 다른 사람에게 사랑을 실천하지 못하도록 가로막는 가장 큰 방해물은 무엇인가요?

- 사랑에 대한 성경의 가르침을 보면서, 사랑에 대한 견해가 바뀌게 되었나요?

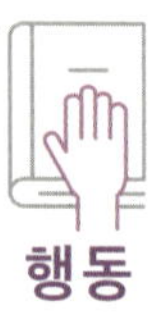

행동

주위에 그리스도의 사랑을 드러내기 위해 고려해야 할 다섯 가지 행동이 있습니다. 첫째, 기도해야 합니다. 우리는 나이가 많든 적든, 훈련받았든 안 받았든 기도할 수 있습니다. 둘째, 관심을 기울여야 합니다. 먼 곳이 아닌 가까운 곳에서 도움이 필요한 사람을 찾아야 합니다. 셋째, 복음을 선포해야 합니다. 주위 사람을 섬기면서 끊임없이 복음의 진리를 전해야 합니다. 넷째, 후원해야 합니다. 내가 갈 수 없는 곳에서 사랑을 전하는 선교사와 단체를 후원해야 합니다. 다섯째, 정보를 나누어야 합니다. 도움이 필요한 사람을 발견하면 그들을 위해 기도하고 후원하되, 다른 사람에게도 홍보하는 일을 잊지 말아야 합니다. 다른 사람도 사랑의 행위에 동참할 수 있도록 초대해야 합니다.

- 이 가운데 어떤 행동을 하기가 가장 쉽나요?

- 이 가운데 가장 노력해야 할 행동은 어떤 것인가요?

> **다음 모임까지 사도행전 1~8장; 시편 110편을 읽어 보세요.**

   05 참된 사랑을 보여 줘

06

때를 얻든지 못 얻든지

성 경 말 씀 디모데전서 4장 11~16절; 디모데후서 4장 1~8절;
디도서 2장 11~14절

포 인 트 하나님은 그분의 말씀에 순종하도록 교회를 이끄실 때 지도자를 사용하신다.

등 장 인 물 바울(그리스도를 따르는 자와 이방인의 사도가 된 전직 박해자)
디모데와 디도(사도 바울 밑에서 배우던 젊은 목사들)

메시지 좌표 이 글을 읽는 대부분의 사람은 직업으로서 전임 사역자의 길을 걷지는 않을 것입니다. 바꾸어 말하면, 생계 수단이 교회의 목사, 진도사, 혹은 직원이 아닐 것이라는 말입니다. 그렇다면 우리는 왜 소위 목회 서신(디모데전서, 디모데후서, 디도서)으로 불리는 이 세 개의 서신들을 공부해야 할까요? 그 이유는 간단합니다. 바울이 젊은 디모데에게 가르친 내용은 단지 교회 지도자만을 위한 내용이 아니라, 모든 곳에 있는 모든 그리스도인을 위한 내용이기 때문입니다.

목회자에게 보내는 편지

예수님의 본을 따라
진리를 알도록 인도하다.

그리스도와 함께 상속자가 됨

그리스도를 통해
하나님의 자녀로 입양되다.

바울이 디모데에게 조언한 것을 들어봐

디모데전서 4장 11~16절
너는 이것들을 명하고 가르치라 누구든지 네 연소함을 업신여기지 못하게 하고 오직 말과 행실과 사랑과 믿음과 정절에 있어서 믿는 자에게 본이 되어 내가 이를 때까지 읽는 것과 권하는 것과 가르치는 것에 전념하라 네 속에 있는 은사 곧 장로의 회에서 안수 받을 때에 예언을 통하여 받은 것을 가볍게 여기지 말며 이 모든 일에 전심전력하여 너의 성숙함을 모든 사람에게 나타나게 하라 네가 네 자신과 가르침을 살펴 이 일을 계속하라 이것을 행함으로 네 자신과 네게 듣는 자를 구원하리라

바울은 디모데가 사역하면서 반드시 명심해야 할 것이 무엇인지에 대해 열거했습니다(딤전 4:12~16). 무엇보다도, 디모데는 본보기가 되어야 했습니다. 목사가 교회를 성숙으로 이끄는 필수적인 방법은 그가 보이는 본에 달렸습니다. 디모데는 젊었는데, 젊다고 해서 본을 보일 수 없는 것은 아닙니다.

디모데는 과연 어떤 면에서 본이 될 수 있을까요? 그는 겉으로 드러나는 말과 행동에서 본을 보여야 합니다. 여기서 말이란 단순히 하나님의 말씀을 잘 전달하는 것만을 의미하지 않습니다. 바울은 디모데가 독설 대신 현명한 말로 알려지기를 원했습니다. 오늘날에는, 소셜 미디어에서 분노를 드러내려 하지 않고 그 대신에 은혜와 위로를 드러내는 것을 의미합니다. 바울은 또한 디모데가 사랑, 믿음(또는 신실함), 순결(성적 순결이나 일반적인 순수함 둘 다)의 특성을 내면에 세우는 본을 보이라고 격려했습니다.

바울이 디모데에게 했던 조언을 따르기 위해 우리가 할 수 있는 일에는 무엇이 있을까요?

> 오직 십자가에 못 박힌 설교자들만이 십자가에 못 박히신 구세주를 하나님의 권능으로 선포할 수 있습니다.
> 레이먼드 C. 오틀런드 주니어 Raymond C. Ortlund Jr.

끝까지 달리고, 끝까지 선한 싸움을 싸워야 해

디모데후서 4장 1~8절

하나님 앞과 살아 있는 자와 죽은 자를 심판하실 그리스도 예수 앞에서 그가 나타나실 것과 그의 나라를 두고 엄히 명하노니 너는 말씀을 전파하라 때를 얻든지 못 얻든지 항상 힘쓰라 범사에 오래 참음과 가르침으로 경책하며 경계하며 권하라 때가 이르리니 사람이 바른 교훈을 받지 아니하며 귀가 가려워서 자기의 사욕을 따를 스승을 많이 두고 또 그 귀를 진리에서 돌이켜 허탄한 이야기를 따르리라 그러나 너는 모든 일에 신중하여 고난을 받으며 전도자의 일을 하며 네 직무를 다하라 전제와 같이 내가 벌써 부어지고 나의 떠날 시각이 가까웠도다 나는 선한 싸움을 싸우고 나의 달려갈 길을 마치고 믿음을 지켰으니 이제 후로는 나를 위하여 의의 면류관이 예비되었으므로 주 곧 의로우신 재판장이 그 날에 내게 주실 것이며 내게만 아니라 주의 나타나심을 사모하는 모든 자에게도 니라

바울은 모든 목사에게 적용할 수 있는 다섯 가지를 열거했습니다(2절). 목사는 하나님의 말씀을 신실하면서도 일관성 있게 열정적으로 설교하고 가르쳐야 합니다. 둘째, 때를 얻든지 못 얻든지 전해야 합니다. 가깝든지 멀든지 상관없이 말씀을 끈질기게 전해야 합니다. 목사는 기분이 좋을 때나 나쁠 때나 언제든 말씀을 선포해야 합니다. 셋째, 목사는 태만하거나 공격적인 사람을 경책해야 합니다. 넷째, 목사는 성경에 맞지 않게 말하거나 행동하는 자를 경계해야 합니다. 다섯째, 목사는 하나님의 영광을 위해 거룩한 삶을 살아가도록 양 떼에게 권해야 합니다.

바울은 전도자의 일을 하고 직무를 다하라고 했습니다(딤후 4:5). 교회에서 목사는 영혼을 얻는 본을 보여 주어야 하고, 현재 그리스도를 전하고 있는 사람들을 격려해 주어야 합니다. 이는 교회에서 복음주의적인 문화를 형성할 수 있는 가장 실질적인 방법 중 하나입니다. 이는 바울이 초점을 잃지 않고 실천해 왔던 바로 그 일입니다(행 20:24 참조).

바울은 운동 경기와 군사 비유를 동원해서 디모데에게 사역을 어떻게 시작하느냐가 아니라, 사역을 어떻게 끝내느냐가 중요하다는 사실을 상기시켰습니다. 바울은 선한 싸움을 싸웠고, 달려갈 길을 마쳤으며, 믿음을 지켰습니다. 바울이 사용한 비유를 혼동하지 말아야 합니다. 이는 교회에서 사람들과 끊임없이 불필요한 논쟁을 벌이거나, 주먹다짐을 하라는 말이 아닙니다. 또한 제대로 믿는 척하면서 신학적 속물이 되어서는 안 됩니다. 설교하고 가르치고 다른 사람과 논할 때에는 잘난 체를 모르는 바보가 되어야 합니다.

믿는 자들의 교제

하나님이 우리를 사랑하시듯
서로 사랑하다.

성령 안에서의 삶

육체의 일을 버리고
성령의 열매를 맺다.

구원의 길은 누구에게나 열려 있어

모든 사람에게 구원을 주시는 하나님의 은혜가 나타나 우리를 양육하시되 경건하지 않은 것과 이 세상 정욕을 다 버리고 신중함과 의로움과 경건함으로 이 세상에 살고 복스러운 소망과 우리의 크신 하나님 구주 예수 그리스도의 영광이 나타나심을 기다리게 하셨으니 그가 우리를 대신하여 자신을 주심은 모든 불법에서 우리를 속량하시고 우리를 깨끗하게 하사 선한 일을 열심히 하는 자기 백성이 되게 하려 하심이라

바울은 먼저 디도에게 성경의 기본적인 내용을 기억하게 했습니다. 구원은 예수님을 믿는 모든 사람에게 주시는 하나님의 은혜입니다. 성경은 구원에 믿음이 필요하다는 것과, 불신이 얼마나 위험한지를 분명하게 밝히고 있습니다. 이 말은 구원이 인종, 사회적 지위, 언어, 혹은 다른 어떤 조건과 상관없이 모든 믿는 사람에게 열려 있다는 뜻입니다.

성경의 영감

알짬 교리 **99**

'성경의 영감'이란 성경을 기록한 인간 저자들에게 하나님이 지시하신 것을 가리키는데, 그들은 하나님이 인류에게 주시는 메시지를 자기 글로 작성하고 기록했습니다(딤후 3:16; 벧후 1:19~21). 성경의 영감은 하나님이 인간 저자에게 직접 말씀해 주시는 구술 방식으로 이루어지기도 했습니다. 그러나 대부분은 성령님이 저자들의 인격에 초자연적인 영향력을 행사하시는 방식으로 이루어졌으므로 그들의 글은 곧 하나님의 말씀으로 간주됩니다.

그리스도와의 연결

생애 말엽에 바울은 자신이 신뢰하던 믿음의 자녀 디모데와 디도에게 편지를 보냈습니다. 바울이 당부한 것은, 좋은 목자로서 하나님의 백성이 진리를 알도록 인도해 주시는 예수님의 본을 따르라는 것이었습니다. 교회를 위해 죽기까지 하신 예수님을 따라 교회를 섬기는 것, 이것이 바로 목사와 지도자가 받은 사명입니다.

영적 전쟁

하나님의 전신 갑주를 입고 마귀와 싸워 이기다.

관대한 삶

하나님이 주신 은혜를 따라 풍성하게 베풀다.

하나님이 들려주시는 이야기는 오늘을 사는 나와 늘 연결되어 있습니다. 아래 질문에 답하면서 성경 이야기가 내 이야기와 어떻게 연결되는지 생각해 봅시다.

▶ 어떻게 하면 가혹해지거나 소심해지지 않으면서도 다른 사람들이 하나님의 명령에 순종하도록 권할 수 있을까요?

▶ 목사나 지도자의 꾸지람이나 권면으로 도움을 받은 적이 있나요?

▶ 주위 문화의 영향 때문에 자신이 신실하게 지켜 내기가 점점 더 힘들어지는 신학적 확신에는 어떤 것이 있나요?

▶ 복음을 기억하는 사람답게 살아가기 위해 가정과 학교와 이웃 등에서 변화되어야 할 삶의 방식에는 어떤 것이 있나요?

하나님의 이야기
하나님이 그분의 아들
예수 그리스도를 통해
우리를 구속해 주신 이야기

우리의 이야기
우리의 이야기가
하나님의 이야기와
만나는 곳

YOUR MISSION

생각

바울은 믿음이 계속 성장해야 한다고 디모데에게 말했습니다(딤전 4:15~16). 이는 모든 그리스도인에게 적용됩니다. "이 모든 일에 전심전력하여"(딤전 4:15)라는 말은 규칙적인 일상이라는 의미가 있습니다. 바울은 디모데에게 건강한 일상을 살아가도록 권고했습니다. 우리는 그리스도와 함께 성장하고 성숙하기를 바라면서 이것을 실천해야 합니다.

- 바울이 디모데에게 했던 지시를 우리 삶에도 적용하려면 어떻게 해야 할까요?
- 우리는 하나님의 말씀을 실천하고 바르게 선포하기 위해 앞장서는 목사와 지도자를 어떤 방법으로 격려할 수 있을까요?

마음

우리는 이생이 끝이 아님을 알기에 지금 경건하게 살 수 있습니다. 만물의 회복에는 '복스러운 소망'이 있는데, 그 근거는 하나님이자 구원자이자 구속자이신 예수님이십니다. 예수님은 우리가 모든 불경건과 정욕을 거부하고, 하나님께 영광을 돌리며 선행할 수 있도록 우리를 모든 불의에서 구속해 주십니다. 분명하게 말하지만, 우리는 하나님에게서 무엇인가를 보상으로 얻기 위해서 선행을 하는 것이 아닙니다. 우리는 하나님으로부터 어떤 보상도 받을 수 없습니다. 우리가 선행을 하는 것은 우리 본성을 바꾸시는 성령님의 사역이 감사하는 마음으로 기꺼이 선행하고자 하는 새로운 마음을 우리 안에 창조함으로써 우리 본성을 바꾸시기 때문입니다(고후 5:16~17).

- 경건을 추구하지 못하게 가로막는 것에는 어떤 것이 있나요?
- 그리스도의 재림과, 미래에 있을 만물의 구속은 우리가 살아가는 방식에 어떤 영향을 끼칠까요?

행동

하나님은 목사에게 말씀의 본이 되고, 말씀을 선포하며, 우리로 하여금 그리스도의 권위와 지도력에 따라 말씀에 복종하도록 권면하는 사역을 하라고 하셨습니다. 목사는 교회에 주신 하나님의 축복이므로 교회도 목사를 사랑하고 격려하고 기도하고 지원함으로써 교회가 목사에게 축복이 될 수 있도록 힘써야 합니다. 이번 한 주 동안 목사와 교회 지도자를 어떻게 격려하고, 그들에게 받은 대로 어떻게 그들에게도 줄 수 있을지 생각하는 시간을 가져 봅시다.

- 목사와 지도자를 섬길 수 있는 방법에는 어떤 것이 있을까요?
- 목사와 지도자로부터 그리스도를 따를 수 있도록 격려받은 적이 있나요?

> 다음 모임까지 사도행전 **9~14장**을 읽어 보세요.

변화시키시는 하나님

로마서, 고린도후서, 갈라디아서, 에베소서, 히브리서

갈라디아서

5장 22~26절

오직 성령의 열매는 사랑과 희락과 화평과 오래 참음과 자비와 양선과 충성과 온유와 절제니 이같은 것을 금지할 법이 없느니라 그리스도 예수의 사람들은 육체와 함께 그 정욕과 탐심을 십자가에 못 박았느니라 만일 우리가 성령으로 살면 또한 성령으로 행할지니 헛된 영광을 구하여 서로 노엽게 하거나 서로 투기하지 말지니라

07

한때는 죄의 종, 지금은 하나님의 자녀

성경 말씀 로마서 8장 12~39절

포 인 트 하나님은 죄와 죽음의 종노릇하던 우리를 구원하시고, 성령님을 통해 생명을 주신다.

등 장 인 물 바울(그리스도를 따르는 자와 이방인의 사도가 된 전직 박해자)

메시지 좌표 종에서 자녀로, 탄식에서 찬양으로, 죽음에서 생명으로 나아가며 우리는 은혜의 하나님을 예배합니다. 하나님이 우리를 위해 이런 일을 행하신 이유는 무엇일까요? 왜 불경건한 반역자에게 은혜로운 방식으로 대해 주실까요? 바울은 그 답을 로마서 8장에서 제시했습니다. 바로 하나님이 사랑이시기 때문입니다. 하나님의 사랑은 크고 깊습니다.

**그리스도와 함께
상속자가 됨**

그리스도를 통해
하나님의 자녀로 입양되다.

믿는 자들의 교제

하나님이 우리를 사랑하시듯
서로 사랑하다.

하나님의 아들딸은 이렇게 살아

로마서 8장 12~17절

그러므로 형제들아 우리가 빚진 자로되 육신에게 져서 육신대로 살 것이 아니니라 너희가 육신대로 살면 반드시 죽을 것이로되 영으로써 몸의 행실을 죽이면 살리니 무릇 하나님의 영으로 인도함을 받는 사람은 곧 하나님의 아들이라 너희는 다시 무서워하는 종의 영을 받지 아니하고 양자의 영을 받았으므로 우리가 아빠 아버지라고 부르짖느니라 성령이 친히 우리의 영과 더불어 우리가 하나님의 자녀인 것을 증언하시나니 자녀이면 또한 상속자 곧 하나님의 상속자요 그리스도와 함께한 상속자니 우리가 그와 함께 영광을 받기 위하여 고난도 함께 받아야 할 것이니라

육신대로 살지 않는다는 말의 의미를 생각해 봅시다. 그리스도인은 절대로 죄짓지 않는다는 의미일까요? 그렇거나 그렇지 않다고 생각하는 이유는 무엇인가요?

만일 그리스도 안에 있다면, 그 사람은 더 이상 육신의 종이 아닙니다. 그리스도께서는 우리를 해방시켜 주셨고, 성령님은 우리 안에 남아 있는 몸의 행실을 죽일 수 있도록 도우십니다. 그리스도인이 되어서도 여전히 죄를 지을 수 있지만, 더 이상 죄를 짓지 않도록 복음이 우리를 변화시킵니다. 육의 사슬은 깨져 산산조각이 났습니다.

그 덕분에 우리는 더 이상 두려움의 종이 아닙니다. 그리스도 안에 있으면, 하나님께 거절당할까 봐 두려워할 이유가 없습니다. 우리가 계속해서 치르는 육신과의 전쟁은 언젠가 하나님에게서 분리되는 것으로 끝나지 않을 것입니다. 왜 그럴까요? 양자의 영이 종의 영을 대체해 버렸기 때문입니다. 우리는 이제 하나님의 아들딸입니다.

탄식의 땅에 소망이 심기다니

로마서 8장 18~30절

생각하건대 현재의 고난은 장차 우리에게 나타날 영광과 비교할 수 없도다 피조물이 고대하는 바는 하나님의 아들들이 나타나는 것이니 피조물이 허무한 데 굴복하는 것은 자기 뜻이 아니요 오직 굴복하게 하시는 이로 말미암음이라 그 바라는 것은 피조물도 썩어짐의 종노릇한 데서 해방되어 하나님의 자녀들의 영광의 자유에 이르는 것이니라 피조물이 다 이제까지 함께 탄식하며 함께 고통을 겪고 있는 것을 우리가 아느니라 그뿐 아니라 또한 우리 곧 성령의 처음 익은 열매를 받은 우리까지도 속으로 탄식하여 양자 될 것 곧 우리 몸의 속량을 기다리느니라 우리가 소망으로 구원을 얻었으매 보이는 소망이 소망이 아니니 보는 것을 누가 바라리요 만일 우리가 보지 못하는 것을 바라면 참음으로 기다릴지니라 이와 같이 성령도 우리의 연약함을 도우시나니 우리는 마땅히 기도할 바를 알지 못하나 오직 성령이 말할 수 없는 탄식으로 우리를 위하여 친히 간구하시느니라 마음을 살피시는 이가 성령의 생각을 아시나니 이는 성령이 하나님의 뜻대로 성도를 위하여 간구하심이니라 우리가 알거니와 하나님을 사랑하는 자 곧 그의 뜻대로 부르심을 입은 자들에게는 모든 것이 합력하여 선을 이루느니라 하나님이 미리 아신 자들을 또한 그 아들의 형상을 본받게 하기 위하여 미리 정하셨으니 이는 그로 많은 형제 중에서 맏아들이 되게 하려 하심이니라 또 미리 정하신 그들을 또한 부르시고 부르신 그들을 또한 의롭다 하시고 의롭다 하신 그들을 또한 영화롭게 하셨느니라

세상 사람들과 마찬가지로, 우리도 좌절감을 느끼며 고통 속에 있습니다. 바울은 타락한 피조 세계를 흠 잡을 데 없던 에덴동산보다 훨씬 나은 곳으로 회복하실 하나님의 계획에 관해 썼습니다. 그러면서 하나님의 창조의 정점인 남자와 여자도 회복되리라고 했습니다. 우리도 고통으로 탄식하고, 고난으로 탄식하며, 불의 때문에 탄식합니다. 죄 때문에 탄식하고, 점점 노쇠해지는 것 때문에 탄식합니다. 그러나 새 땅이 임하듯이 하나님의 자녀에게 새 몸이 주어질 것입니다. 우리가 그리스도와 함께 상속자가 되었다면, 그것은 우리가 그분과 함께 죽었고, 그분과 함께 살고 있기 때문입니다. 비록 우리는 언젠가 죽게 되겠지만, 부활하리라는 것을 압니다.

어떤 때에 좌절감과 고통을 느껴 봤나요?

누가 우리를 하나님의 사랑에서 끊을까

로마서 8장 31~39절

그런즉 이 일에 대하여 우리가 무슨 말 하리요 만일 하나님이 우리를 위하시면 누가 우리를 대적하리요 자기 아들을 아끼지 아니하시고 우리 모든 사람을 위하여 내주신 이가 어찌 그 아들과 함께 모든 것을 우리에게 주시지 아니하겠느냐 누가 능히 하나님께서 택하신 자들을 고발하리요 의롭다 하신 이는 하나님이시니 누가 정죄하리요 죽으실 뿐 아니라 다시 살아나신 이는 그리스도 예수시니 그는 하나님 우편에 계신 자요 우리를 위하여 간구하시는 자시니라 누가 우리를 그리스도의 사랑에서 끊으리요 환난이나 곤고나 박해나 기근이나 적신이나 위험이나 칼이랴 기록된 바 우리가 종일 주를 위하여 죽임을 당하게 되며 도살당할 양같이 여김을 받았나이다 함과 같으니라

성령 안에서의 삶

육체의 일을 버리고 성령의 열매를 맺다.

영적 전쟁

하나님의 전신 갑주를 입고 마귀와 싸워 이기다.

바울은 자신의 확신을 이해시키려고 법정 드라마를 펼쳐 보였습니다. 우리는 피고석에 앉고, 하나님은 심판석에 앉으셨습니다. 먼저 바울은 누가 우리를 고소할 것인지를 심판자에게 질문했습니다. 대답은 "아무도 없다"였습니다. 우리를 의롭게 하는 분은 하나님이시고, 하나님은 우리에게 제기되는 모든 고소에 대응하실 수 있기 때문입니다. 이어서 바울은 누가 우리에게 유죄 판결을 내리며 누가 우리를 정죄할 수 있는지를 질문했습니다. 이번에도 대답은 같았습니다. "아무도 없다." 예수님이 그분의 죽음으로 우리 대신 우리의 죗값을 치르셨고, 우리를 위해 중보하시기 때문입니다. 마지막으로 바울은 누가 우리에게 유죄 선고를 내리며 무엇이 우리를 그리스도의 사랑에서 끊을 수 있는지를 심판자에게 질문했습니다. 다시금 대답은 같았습니다. "아무도 없고, 아무것도 그렇게 할 수 없다." 혐의가 제기되거나 유죄 선언이 내려질지라도, 우리는 절대 하나님의 사랑으로부터 분리될 수 없습니다.

양자 됨 알짬 교리 **99**

하나님의 가족에 양자로 들어가는 것은 칭의로 얻게 되는 혜택 가운데 하나입니다. 우리는 칭의를 통해 우리에게 내려질 심판에서 사면을 받게 될 뿐만 아니라 하나님의 자녀가 되는 정체성의 변화를 경험하게 됩니다(요 1:12; 갈 4:5). 양자가 됨으로써 한때 타락으로 인해 잃었던 하나님과의 관계가 회복되고, 그 결과 그리스도와 함께 하나님 나라의 상속자가 되는 유익을 얻습니다(롬 8:16~17).

그리스도와의 연결

하나님의 백성은 하나님의 아들의 형상으로 빚어지는 과정에 있습니다. 우리는 하나님의 가족으로 입양되었기에 더 이상 죄의 종이 아닌 하나님의 자녀가 되었습니다. 우리는 그리스도의 십자가 사역으로 말미암아 하나님의 가족이 되었고, 이제 그리스도와 함께 상속받을 자가 되어 주님이 약속하신 영광스러운 미래를 간절한 마음으로 고대하고 있습니다.

관대한 삶

하나님이 주신 은혜를 따라
풍성하게 베풀다.

믿음의 전당

믿음으로 살아간 이들의
모범을 따르다.

하나님이 들려주시는 이야기는 오늘을 사는 나와 늘 연결되어 있습니다. 아래 질문에 답하면서 성경 이야기가 내 이야기와 어떻게 연결되는지 생각해 봅시다.

▶ 하나님의 가족으로 입양되었다는 사실을 확신할 때, 자신과 자신이 사는 방식을 보는 관점에 어떤 변화가 생길까요?

▶ 예수님이 만물을 새롭게 하실 것이라는 사실로 인해 힘을 얻고 있나요?

▶ 세상을 향한 하나님의 계획은 우리가 세상을 대하는 데 어떤 영향을 줍니까?

▶ 지금 가장 걱정하는 일은 무엇인가요? 하나님의 사랑이 담긴 복음을 생각할 때 그 걱정에 어떤 변화가 일어날 수 있을까요?

하나님의 이야기
하나님이 그분의 아들
예수 그리스도를 통해
우리를 구속해 주신 이야기

우리의 이야기
우리의 이야기가
하나님의 이야기와
만나는 곳

YOUR MISSION

생각

구원받는 시점에서 성령님이 그리스도를 영접하게 하려고 우리 마음을 깨우셨으며, 우리 삶에 그리스도의 주권을 세우기 위해 우리 안에 거주하기 시작하셨습니다. 그 순간부터 우리와 하나님의 관계는 빚을 갚기 위해 평생 일해야 하는 노예나 하인의 관계가 아닙니다. 영원한 빚을 갚을 길이 없는 현실에 부담감을 느낄 필요가 없고, 충분히 행하지 못한 것에 관해 더는 두려워하지 않아도 됩니다. 그 대신, 사랑이 많으신 하나님 아버지의 자녀가 되는 것입니다. 그리스도께서 빚을 갚아 주셨기에 우리는 더 이상 빚진 자가 아닙니다. 또한 그리스도의 덕을 통해 그리스도와 함께 상속자가 됩니다.

- 하나님과의 관계를 '은혜 갚아야 하는 관계'로 생각하는 이유는 무엇일까요? 본능적으로 떠오르게 된 이런 생각은 좋은 것일까요, 나쁜 것일까요? 그 이유는 무엇인가요?

- 하나님께 순종할 필요 없다고 생각하는 죄에 빠지지 않고, 죄의 대가가 이미 치러졌다는 복음의 진리를 고수하는 것이 왜 중요할까요?

마음

로마서 8장에는 하나님이 우리의 도움 없이 우리를 위해 이루신 모든 일을 찬양하는 경배로 넘칩니다(롬 8:31~39). 간단히 말해서, 바울은 자신이 그리스도와 떨어졌을 때는 죽었지만, 그리스도 안에서는 완전하고 영원하고 변함없이 살았기 때문에 찬양했습니다.

- 복음은 어떻게 신자들 안에 깊은 겸손과 확신을 동시에 심어 줄 수 있을까요?

- 바울은 그리스도 안에 있는 삶이 예배임을 이해할 수 있게 해 주었습니다. 일상생활에 관한 이러한 이해는 그리스도인의 삶에 대한 견해를 어떻게 바꿀 수 있을까요?

행동

우리가 인생에서 겪는 모든 일을 인내할 수 있는 열쇠는 장차 이루어질 것들에 시선을 고정하는 것입니다. 하나님께 사랑받는 자녀는 복음에서 약속된 변하지 않을 하나님의 약속들의 완전한 성취를 고대합니다. 이것이 바로 복음의 능력으로 복음을 위해 살아가고자 하는 우리의 동기입니다. 그리고 우리가 전해야 할 기쁜 소식입니다. 이 사실 때문에 우리는 인생의 고통과 고난을 억지웃음이 아닌 진정한 평안과 기쁨과 이 세상의 모든 고난이 일시적이며 잠시일 뿐이라는 확신으로 잠잠히 인내할 수 있습니다.

- 고난에 대한 그리스도인과 불신자의 견해는 어떻게 달라야 할까요?

- 예수님과 그분의 사랑에 초점을 맞추기 때문에 현재 직면한 어려움이 있나요?

> 다음 모임까지 야고보서 1~5장; 갈라디아서 1~3장을 읽어 보세요.

08

멀어졌던 하나님과 이제는 함께해

성경 말씀 로마서 12장 9~18절; 고린도전서 1장 9절; 빌립보서 1장 3~7절

포 인 트 하나님은 우리가 그분과 그리고 그분의 백성과 교제하게 하심으로써 우리를 변화시키신다.

등 장 인 물 바울(그리스도를 따르는 자와 이방인의 사도가 된 전직 박해자)

메시지 좌표 모든 사람은 다른 사람들과 사귀기를 바라는데, 이처럼 서로 알아 가고 받아들여지고 싶은 우리의 갈망은 작지 않습니다. 의미 있는 공동체에서 가치와 친밀함을 찾고자 하는 갈망은 우리가 하나님의 형상이라는 사실에서 비롯됩니다. 죄가 친밀함을 깨뜨린 것은 사실이지만, 복음은 우리가 갈망하는 의미 있는 공동체에 치유와 회복을 줍니다.

믿는 자들의 교제

하나님이 우리를 사랑하시듯
서로 사랑하다.

성령 안에서의 삶

육체의 일을 버리고
성령의 열매를 맺다.

나는 앞으로 영원히 혼자가 아니야

고린도전서 1장 9절
너희를 불러 그의 아들 예수 그리스도 우리 주와 더불어 교제하게 하시는 하나님은 미쁘시도다

복음의 능력 덕분에 우리는 절대 혼자가 아닙니다. 비록 우리 곁에 아무도 없을지라도, 하나님은 언제나 우리와 함께하십니다. 그분의 영이 우리 안에 거하시고 우리는 '그리스도와 함께 하나님 안에 감추어졌습니다'(골 3:3). 하나님이 우리를 불러 그리스도와 사귀게 하셨다는 말은 바로 이런 의미입니다. 이제 우리 각 사람은 그분과 영원한 관계로 단단하게 연결되었습니다.

우리는 예수님과 사귀면서, 이전에는 경험하지 못했던 평안, 위로, 기쁨을 경험하게 됩니다. 하나님을 알아 가고, 그분께 속속들이 드러나고 받아들여지는 경험을 하면서 자유롭게 됩니다. 어떠한 상황에서도 은혜의 하나님은 우리를 사랑해 주시고 평안과 위로와 기쁨을 주시며 우리 곁에 계십니다. 이것은 오직 그리스도 안에서만 발견할 수 있는 것이기에, 세상 사람들은 단지 그림자처럼 경험할 수밖에 없습니다. 그렇다고 해서 그리스도 안에 있으면 모든 고난과 고통에서 벗어날 수 있다는 뜻은 아닙니다. 지난 과에서 살펴보았듯이, 그리스도와 함께하는 것은 그분의 고난에도 동참하는 것을 의미하기 때문입니다. 그러나 그리스도 안에 있기 때문에 우리는 고난을 잠잠히 인내할 수 있습니다. 일시적이고 분명한 목적이 있는 고난을 통해 우리는 하나님이 영광받기 위해 일하고 계심을 깨달을 수 있습니다.

진정한 공동체나 진정한 교제를 경험해 본 적이 있다면 언제였나요? 그리스도와의 교제는 그것과 어떻게 다르거나 비슷할 것이라고 생각하나요?

____

____

____

친밀하게 사귀는 교회

인간의 타락으로 인한 '죽음'은 하나님과의 관계가 끊어진 것을 말합니다. 죄로 인해 우리는 그분과 단절되었습니다. 그런데 창세기 3장을 보면, 아담과 하와의 죄가 하나님과 그들을 단절시킨 것으로 끝나지 않고, 그들 서로 간에도 나뉘게 했다는 사실을 알 수 있습니다(창 3:16). 이처럼 죄는 모든 관계에 영향을 미칩니다.

그런가 하면, 복음은 그리스도 안에서 우리를 단지 하나님하고만 연합시키는 것이 아니라 우리가 먼저 하나 되어 하나님과 연합하게 합니다. 예수님과의 교제 안으로 들어갈 때, 우리는 그리스도 안에서 화목하게 된 다른 모든 사람과의 교제 안으로 들어가게 되는 것입니다. '교회'로 불리는 공동체 안으로 말입니다. 신약에서 복음이 화목하게 만드는 장면을 수없이 발견할 수 있습니다. 교회 안에서 화목하게 된 죄인들의 관계에서 복음이 실질적으로 작동하는 방식에 관한 가장 생생한 그림 중의 하나는 로마서 12장 9~18절에서 찾을 수 있습니다.

> **로마서 12장 9~18절**
>
> 사랑에는 거짓이 없나니 악을 미워하고 선에 속하라 형제를 사랑하여 서로 우애하고 존경하기를 서로 먼저 하며 부지런하여 게으르지 말고 열심을 품고 주를 섬기라 소망 중에 즐거워하며 환난 중에 참으며 기도에 항상 힘쓰며 성도들의 쓸 것을 공급하며 손 대접하기를 힘쓰라 너희를 박해하는 자를 축복하라 축복하고 저주하지 말라 즐거워하는 자들과 함께 즐거워하고 우는 자들과 함께 울라 서로 마음을 같이하며 높은 데 마음을 두지 말고 도리어 낮은 데 처하며 스스로 지혜 있는 체하지 말라 아무에게도 악을 악으로 갚지 말고 모든 사람 앞에서 선한 일을 도모하라 할 수 있거든 너희로서는 모든 사람과 더불어 화목하라

선교야말로 복음의 핵심이지, 이게 바로 우리 사명이야

> **빌립보서 1장 3~7절**
>
> 내가 너희를 생각할 때마다 나의 하나님께 감사하며 간구할 때마다 너희 무리를 위하여 기쁨으로 항상 간구함은 너희가 첫날부터 이제까지 복음을 위한 일에 참여하고 있기 때문이라 너희 안에서 착한 일을 시작하신 이가 그리스도 예수의 날까지 이루실 줄을 우리는 확신하노라 내가 너희 무리를 위하여 이와 같이 생각하는 것이 마땅하니 이는 너희가 내 마음에 있음이며 나의 매임과 복음을 변명함과 확정함에 너희가 다 나와 함께 은혜에 참여한 자가 됨이라

영적 전쟁

하나님의 전신 갑주를 입고 마귀와 싸워 이기다.

관대한 삶

하나님이 주신 은혜를 따라 풍성하게 베풀다.

믿음의 전당

믿음으로 살아간 이들의
모범을 따르다.

바울을 해치려는 음모

유대인들이 바울을
죽이기로 공모하다.

복음을 통해 개인적으로 구원받지만, 그렇다고 혼자만 믿도록 구원받은 것은 아닙니다. 복음으로 우리는 화목하게 되었고, 화목을 전하는 사람이 되었습니다(고후 5:18). 따라서 교회가 행하는 선교 사역에 동참하지 않고 하나님을 모르는 사람에게 복음을 전하지 않는다면, 그는 그리스도와 연합하는 복음의 내용을 따르지 않는 것입니다. 교회에 속하는 것은 곧 그리스도인을 향한 하나님의 부르심인데, 이는 없는 것보다는 나은 정도가 아닙니다. 다른 그리스도인과 동역하기 위해서는 복음을 중심으로 뭉쳐야 하고 서로 간의 차이점을 이해하거나 극복해야만 합니다. 이것은 추가로 요구되는 사항이 아니라 복음의 핵심입니다.

소그룹, 교회, 주일학교 공동체에서 복음을 전하는 동역을 시작할 수 있는 방법에는 무엇이 있을까요?

____

____

____

그리스도와의 연합　　알짬 교리 **99**

그리스도와의 연합은 구원의 핵심입니다. 성경은 구원을 하나님과 언약 관계를 맺는 것으로 묘사하고, 신자들의 모임인 교회를 그리스도의 신부로 묘사합니다(고후 11:2; 엡 5:23~32). 그리스도인은 믿음을 통해 그리스도께서 우리 안에 거하심과 우리가 주님 안에 거하게 됨을 믿습니다(엡 3:17; 골 1:27; 3:1~4). 이 연합은 깨뜨릴 수 없는 것이며, 영원토록 계속될 것입니다.

그리스도와의 연결

그리스도인의 친교는 성경 전체에서 중요한 주제입니다. 특히 신약에서 그렇습니다. 하나님의 백성은 예수 그리스도를 통해 하나님과 교제하며, 이는 그리스도의 죽음과 부활로 인해 가능한 일입니다. 그리스도인은 그리스도의 백성으로서 하나님이 사랑해 주신 것처럼 서로를 사랑하고 친교를 나눕니다.

하나님이 들려주시는 이야기는 오늘을 사는 나와 늘 연결되어 있습니다. 아래 질문에 답하면서 성경 이야기가 내 이야기와 어떻게 연결되는지 생각해 봅시다.

▶ 소외감을 느끼고 힘들었던 적이 있나요? 소외감을 이기기 위해 어떻게 했나요?

▶ 사람들이 소외감을 하나님과의 관계와 연결해서 생각하지 못하는 이유는 무엇일까요?

▶ 로마서에서 권하는 모습을 복음 중심적인 교회의 예로 볼 때, 오늘날 교회가 가장 고심해야 하는 영역은 어떤 부분이라고 생각하나요? 그 가운데 가장 힘든 일은 무엇이라고 생각하며 그 이유는 무엇인가요?

▶ 세상은 깨어진 관계로 가득히지만 하나님은 나를 온전히 아실 뿐만 아니라 영원히 받아들이신다는 사실을 알게 되었나요? 그것을 알고 난 후 어떤 느낌이 드나요?

하나님의 이야기
하나님이 그분의 아들
예수 그리스도를 통해
우리를 구속해 주신 이야기

우리의 이야기
우리의 이야기가
하나님의 이야기와
만나는 곳

YOUR MISSION

생각

죄와 이기심이 우리를 고립되게 하고, 문화는 이를 가중시킵니다. 우리는 유의미한 공동체에 속해서 생기 넘치는 만족스러운 관계를 누리고 싶지만, 혼자서는 그럴 수 없습니다. 그러나 우리가 할 수 없는 것을 하나님은 하실 수 있습니다. 하나님은 우리 영혼의 가장 깊은 갈망을 충족시키는 관계를 그분과 다른 사람 사이에서 경험할 '유일한' 길을 만들어 주셨습니다. 이 길을 통해서 하나님과의 관계로, 다른 사람과의 관계로 들어갈 수 있습니다.

- 하나님과 올바른 관계를 맺으면 다른 사람과도 의미 있는 관계를 맺을 수 있는 이유는 무엇일까요?
- 다른 사람이 좋지 않게 여기는 선택을 한 적이 있거나 그런 습관을 가지고 있나요? 어떻게 하면 변화를 시도할 수 있을까요?

마음

복음은 하나님의 사랑에 대한 계시이고, 교회는 하나님의 사랑을 보여 주는 곳입니다. 하나님의 사랑은 교만이나 이기심이나 오만이나 무례나 험담이나 비난으로 이끌지 않습니다. 우리가 복음으로 나아갈수록 더욱 복음에 빠져들게 되고, 그러면서 로마서 12장 9~18절 말씀이 이루어지는 것을 경험하게 될 것입니다.

- 자신보다 다른 사람을 더 높일 때 얻는 것은 무엇이고, 또 잃는 것은 무엇일까요?
- 교회나 공동체에서 다른 사람을 더 사랑하는 모습에는 어떤 것이 있을까요?

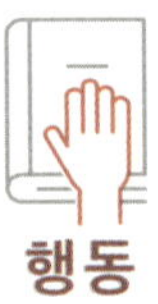

행동

교회와 사역에 대해 잘못 이해하는 그리스도인이 있습니다. 그들은 구원받은 후의 믿음을 단지 개인적인 것으로 여기거나 심지어 개인적인 유익을 위한 것으로 간주합니다. 그들은 복음을 위해 다른 사람과 동역하는 것의 중요성과 깊이를 받아들이려고 하지 않습니다. 교회에 출석하기는 하지만 교회 사역에 진정으로 뛰어들지 않으려고 합니다. 교회 사역을 위해 헌금하기도 하지만 그 이유는 '안전하기' 때문이고 실제로 직접 섬기지 않기 때문입니다.

- 개인주의에서 벗어나 교회의 선교 사역에 참여해 임무를 다하는 것이 어려운 이유는 무엇일까요?
- 학교나 가정에서 복음 사역의 동역자가 되기 위해서는 어떻게 해야 할까요?

다음 모임까지 갈라디아서 4~6장; 사도행전 15~16장을 읽어 보세요.

09

진짜는 열매로 알 수 있지

성경 말씀	갈라디아서 5장 16~26절
포 인 트	행동의 변화는 성령님으로부터 일어난다.
등 장 인 물	바울(그리스도를 따르는 자와 이방인의 사도가 된 전직 박해자)
메시지 좌표	바울은 갈라디아서에서 행동의 개선이나 변화, 이와 대조되는 마음의 변화에 대해 역동적으로 비교했습니다. 그는 베드로와 대면할 때 이것을 간략히 다루었는데, 행위가 아닌 믿음으로 의롭게 됨을 강조했습니다. 본문에서는, 육체의 수욕과 성령님을 따름으로써 그 결과로 하게 되는 '행위'(마음의 변화)의 서로 대조되는 개념을 더욱 깊이 설명했습니다.

성령 안에서의 삶

육체의 일을 버리고
성령의 열매를 맺다.

영적 전쟁

하나님의 전신 갑주를 입고
마귀와 싸워 이기다.

성령을 따라 행해야 해

갈라디아서 5장 16~18절
내가 이르노니 너희는 성령을 따라 행하라 그리하면 육체의 욕심을 이루지 아니하리라 육체의 소욕은 성령을 거스르고 성령은 육체를 거스르나니 이 둘이 서로 대적함으로 너희가 원하는 것을 하지 못하게 하려 함이니라 너희가 만일 성령의 인도하시는 바가 되면 율법 아래에 있지 아니하리라

바울은 스스로 옳다고 하는 문제로 벼랑 끝에 서게 된 갈라디아 교회를 염려하며 이 편지를 썼습니다. 그들은 의롭게 되기 위해서는 복음에 행위(이 경우에는 할례)를 더해야 한다고 주장하던 거짓 선생들(유대주의자)에게 휘둘리고 말았습니다. '은혜에서 떨어져 나가다'라는 말은 바로 이런 상황을 두고 하는 말입니다. 끔찍한 죄를 짓지 않더라도, 믿음이 아닌 행위로 의롭게 된다는 생각을 하면 은혜에서 떨어져 나갈 수 있습니다. 바울이 했던 말은, 만일 성령으로 거듭났다면 당연히 성령에 따라 행동해야 한다는 의미입니다.

성령님께 순종해야 성령님을 따른다고 할 수 있습니다. 성령님을 따라 행할 때, 우리 삶이 변화됩니다. 그럴 수밖에 없는 이유가 있습니다. 육체의 욕심을 따라 행하는 것과, 성령님을 따라 행하는 것은 우리 삶을 정반대 방향으로 이끌기 때문입니다. 그러니 성령님을 따라 행합시다. 그러면 성령님이 우리 안에 거하심으로써 우리 안에 그리스도를 영화롭게 하는 열매가 맺힐 것입니다.

성령님의 인도하심을 이해하기 위해 기도와 하나님의 말씀 읽기를 계속하는 것이 중요한 이유는 무엇일까요?

____

____

> 교회는 하나님의 성품을 반영합니다.
> 마크 데버 Mark Dever

육체의 일을 버려야 해

> **갈라디아서 5장 19~21절**
> 육체의 일은 분명하니 곧 음행과 더러운 것과 호색과 우상 숭배와 주술과 원수 맺는 것과 분쟁과 시기와 분냄과 당 짓는 것과 분열함과 이단과 투기와 술 취함과 방탕함과 또 그와 같은 것들이라 전에 너희에게 경계한 것같이 경계하노니 이런 일을 하는 자들은 하나님의 나라를 유업으로 받지 못할 것이요

얼마나 많은 사람이 여기에 해당하는지 주목해 보십시오. 비교적 짧은 목록 가운데 원수 맺는 것과 음행, 분쟁과 술 취함이 함께 열거된 것을 볼 수 있습니다. 바울은 교회 밖에서나 일어날 법한 일이 교회 안에서도 자주 일어난다고 언급했습니다. 또한 방탕함이나 주술처럼 명백한 것도 있지만, 투기나 분열처럼 기만적이면서 미묘한 것도 있음을 지적했습니다. 이 고발장에서 자유로울 사람은 아무도 없습니다.

성령님을 계속해서 따르지 못하게 하는 것에는 어떤 것이 있나요?

____

____

____

성령의 열매를 보여야 해

자신의 존재에 대해 어떻게 인식하는지는 그 사람의 행동과 긴밀하게 연결됩니다. 맞든 틀리든 사람은 그 인식에 따라 행동하는 것입니다. 성경 곳곳에서도 확인할 수 있는 이 개념을 이렇게 다시 표현할 수 있습니다. 그리스도 안에서 받은 새로운 정체성을 받아들이면 그분이 주시는 힘으로 그분의 뜻대로 살아가게 됩니다.

> **갈라디아서 5장 22~26절**
> 오직 성령의 열매는 사랑과 희락과 화평과 오래 참음과 자비와 양선과 충성과 온유와 절제니 이같은 것을 금지할 법이 없느니라 그리스도 예수의 사람들은 육체와 함께 그 정욕과 탐심을 십자가에 못 박았느니라 만일 우리가 성령으로 살면 또한 성령으로 행할지니 헛된 영광을 구하여 서로 노엽게 하거나 서로 투기하지 말지니라

성령님이 우리 내면에 사랑, 희락, 화평, 오래 참음, 자비, 양선, 충성, 온유, 절제라는 열매를 맺으실 때 우리의 외적인 행동도 변화되는 것을 보게 될 것입니다. 사랑이 많은 사람은 사랑을 실천할 것입니다. 희락이 가

관대한 삶

하나님이 주신 은혜를 따라 풍성하게 베풀다.

믿음의 전당

믿음으로 살아간 이들의 모범을 따르다.

득한 사람은 기쁨을 표출할 것입니다. 우리가 가진 존재에 대한 인식이 우리의 행동으로 이어집니다. 이처럼, 우리 내면이 하나님을 점점 닮아 갈 때 외적으로도 그분을 더 닮아 가게 될 것입니다.

성령의 열매 가운데 어떤 열매에서 성장하고 있나요? 성령의 열매 가운데 어떤 열매에서 성장하고 싶나요? 그 이유는 무엇인가요?

바울을 해치려는 음모

유대인들이 바울을
죽이기로 공모하다.

**세상의 왕들과
맞서게 된 바울**

세상의 통치자 앞에 선 바울이
담대히 변론하다.

성화

알짬 교리 99

믿음으로 의롭다 하심을 받고, 그리스도의 의를 통해 하나님과 바른 관계에 놓이게 되었다는 선포를 받은 후, 우리는 일생에 걸쳐서 성령의 역사로 말미암아 그리스도를 닮아 가는 성화의 과정을 거치게 됩니다. 이는 성령님의 역사를 통해 계속해서 그리스도를 닮아 가는 과정입니다(갈 5:16~26; 살후 2:13). 성경은 성화를(이미 성결하게 되었다는) 현재 우리의 상태로 말하기도 하고, 계속되는 과정으로 말하기도 합니다. 성화는 한 사람의 심령과 정신과 성품이 그리스도를 닮아 가도록 변화시킴으로써 전 인격에 영향을 미칩니다.

그리스도와의 연결

그리스도인의 친교는 성경 전체에서 중요한 주제입니다. 특히 신약에서 그렇습니다. 하나님의 백성은 예수 그리스도를 통해 하나님과 교제하며, 이는 그리스도의 죽음과 부활로 인해 가능한 일입니다. 그리스도인은 그리스도의 백성으로서 하나님이 사랑해 주신 것처럼 서로를 사랑하고 친교를 나눕니다.

> 우리는 서로 노엽게 하거나 투기해서는 안 됩니다. 교만한 자리를 떠나 성령님과 함께 걷기 시작해야 합니다. 그리스도인의 삶은 열기구를 타고 하늘 높이 오르는 엄청난 상승을 경험하는 것이 아닙니다. 오히려 일상적인 걷기와도 같습니다. 성령님을 의지해 한 걸음씩 앞으로 나아가는 것입니다.
>
> J. 버넌 맥기 J. Vernon McGee

하나님이 들려주시는 이야기는 오늘을 사는 나와 늘 연결되어 있습니다. 아래 질문에 답하면서 성경 이야기가 내 이야기와 어떻게 연결되는지 생각해 봅시다.

▶ 그리스도인들이 교회의 죄보다 세상의 죄에 더 초점을 맞추는 경향이 있다는 말에 동의하나요? 동의하거나 동의하지 않는 이유는 무엇인가요?

▶ 자신의 죄보다 다른 사람의 죄를 발견하는 것이 훨씬 쉬운 이유는 무엇인가요?

▶ 죄를 이기기 위해 예수님이 죽으셨음에도 불구하고 그리스도인이 끊임없이 죄를 선택하는 이유는 무엇일까요?

▶ 바울이 그리스도인의 삶에서 죄와 성령님의 열매에 관해 묘사한 것 가운데 가장 인상적이었던 점은 무엇인가요?

하나님의 이야기
하나님이 그분의 아들
예수 그리스도를 통해
우리를 구속해 주신 이야기

우리의 이야기
우리의 이야기가
하나님의 이야기와
만나는 곳

YOUR MISSION

생각

바울의 다양한 죄 목록에 언급되는 것은 모두 동일하게 심각합니다. 시기는 방탕함 못지않고, 분 냄은 우상 숭배 못지않으며, 이기심은 주술과 맞먹습니다. 바울은 어떤 죄는 다른 죄보다 더 심각하다거나 심각하지 않다는 생각을 버리게 했습니다. 죄는 그 결과가 다를지라도 모두 거룩하신 하나님 앞에서 정죄당하는 동일한 법적인 효력 아래 놓여 있습니다.

- 죄에 등급이 있다고 사람들이 이해하는 이유는 무엇일까요?
- 바울의 죄 목록에 추가하고 싶은 죄가 있나요?

마음

우리가 주목해야 하는, 분명하게 드러나는 한 가지 차이점이 있습니다. 바울이 언급한 육체의 일 가운데에는 술 취함이나 분 냄과 같이 외적으로 드러나는 특성으로 인해 누가 보아도 명백한 죄가 있습니다. 반면에 내적인 죄도 있습니다. 예를 들면 원수 맺는 것, 시기, 당 짓는 것, 투기와 같은 것입니다. 우리는 외적인 죄뿐 아니라 내적인 죄도 동일하게 제거해야 합니다. 내적인 죄는 비록 즉각적으로 드러나지는 않을지라도 어떻게든 반드시 표출됩니다. 그리스도인은 내적이고 외적인 모든 육체의 일을 버려야 합니다. 성령님을 따라 행한다면, 이런 죄들을 범할 수 없습니다.

- 실제적으로 외적인 죄보다 내적인 죄가 더 위험할 수 있는 이유는 무엇인가요?
- 우리가 내적인 죄를 경계할 수 있는 방법에는 어떤 것이 있나요?

행동

육체의 일을 벗어던지는 것은 그리스도 안에서 사는 새로운 삶의 일부에 불과합니다. 그러나 만일 우리의 옛사람이 더 이상 살아 있지 않고 그 대신 우리 안에 그리스도께서 살아 계심을(갈 2:20) 입증하고 싶으면 우리는 새 사람을 입어야 합니다. 이 말은 우리가 성령님을 따라 생활하고 우리의 마음과 행동에서 그분의 열매가 분명히 드러나는 것을 가능하게 함을 의미합니다.

- 여러분의 삶 가운데 성령님을 따라 살고 있음을 입증하는 것에는 무엇이 있을까요?
- 이번 주에 여러분의 삶에서 나타나기를 바라며 기도하고 싶은 성령의 열매가 있나요?

> **다음 모임까지 사도행전 17:1~18:18;**
> **데살로니가전서 1~5장을 읽어 보세요.**

10

백전백승, 천하무적 전신 갑주

성경 말씀 에베소서 6장 10~20절

포 인 트 우리는 적에게 맞설 때 하나님의 전신 갑주를 입으라는 명령을 받았다.

등 장 인 물 바울(그리스도를 따르는 자와 이방인의 사도가 된 전직 박해자)

메시지 좌표 우리는 각종 뉴스 보도와 방송 매체를 통해 전 세계적인 군사 갈등 소식을 끊임없이 듣습니다. 이것과 비교하면, 전 세계에서 매일같이 벌어지는 영적 전쟁에 관해서는 덜 민감한 것 같습니다. 바울은 그리스도인에게 대적이 있다는 사실을 분명히 했습니다. 따라서 우리는 복음을 전하는 소명을 감당하기 위해서 방어적이면서도 공격적인 선략을 펼쳐야 합니다.

영적 전쟁

하나님의 전신 갑주를 입고
마귀와 싸워 이기다.

관대한 삶

하나님이 주신 은혜를 따라
풍성하게 베풀다.

누구와 싸우는지를 먼저 알아야지

에베소서 6장 10~12절

끝으로 너희가 주 안에서와 그 힘의 능력으로 강건하여지고 마귀의 간계를 능히 대적하기 위하여 하나님의 전신 갑주를 입으라 우리의 씨름은 혈과 육을 상대하는 것이 아니요 통치자들과 권세들과 이 어둠의 세상 주관자들과 하늘에 있는 악의 영들을 상대함이라

전쟁을 이기는 기본 원칙은 적군을 제대로 아는 것입니다. 누구와 싸우는지 모르거나, 적군이 어디에 있는지 모르면 승리할 수 없습니다. 적군의 특징(무엇을 할 수 있는지)과 위치(어디에 있는지)를 아는 것이 전쟁을 이기게 하는 핵심 요소입니다. 이 두 가지 사항은 매우 중요합니다. 바울의 말처럼, 우리의 대적은 마귀이지 인간이 아닙니다. 이것이 중요한 이유는 우리가 종종 다른 믿지 않는 사람을 우리의 전쟁 대상으로 간주하기 때문입니다. 그러나 바울은 우리가 '혈과 육'을 상대로 싸우는 것이 아니라고 했습니다.

적군의 위치를 알아야 한다는 사실도 잊어서는 안 됩니다. 우리의 대적은 우리를 영적인 영역에서 공격합니다. 그리스도인은 종종 마귀의 방법으로 마귀의 술수에 맞서려고 시도합니다. 예를 들어, 율법을 지키면 우리가 죄 문제를 해결할 수 있다고 생각하는 것입니다. 그러나 마귀는 그리스도인이 더 종교적이 되어도 개의치 않습니다. 우리가 실제로 예수님을 사랑하지 않는 한 말입니다. 인간의 힘만으로는 영적 전쟁을 치를 수 없습니다.

여긴 전쟁터, 굳세고 강건하게

우리가 상상하는 모습과 실제 전쟁터의 모습은 다를 수 있습니다. 마귀는 우리가 공원을 걸어가는 때나, 수업에 들어가려고 준비할 때나 언제든 우리의 주의를 예수님이 아닌 다른 곳으로 돌리려고 시도합니다. 때로는 주일에 교회에서 찬양할 때에 우리의 취약점을 건드리며 유혹하기도 합니다. 우리의 대적은 이처럼 종종 우리가 전혀 예상하지 못한 순간에 우리의 약한 곳을 공격합니다.

우리는 삶 전체를 치열한 영적 전쟁터로 보는 데 익숙해져야 합니다. 예수님이 사탄의 시험을 받기 위해 광야로 이끌려 가신 사건을 기억하나요? 예수님은 40일 동안 고독하게 금식하신 터라 굶주리고 피곤하셨습니다. 사탄의 첫 번째 유혹은 돌들로 떡덩이가 되게 하여 주린 배를 채우라는 것이었습니다. 우리도 매일 이런 유혹을 받습니다. 물론 예수님처럼 먹을 것으로 유혹받지는 않더라도, 하나님 외의 다른 것이나 다른 사람에게서 궁극적인 만족을 찾게끔 유혹받습니다.

> **에베소서 6장 13~17절**
> 그러므로 하나님의 전신 갑주를 취하라 이는 악한 날에 너희가 능히 대적하고 모든 일을 행한 후에 서기 위함이라 그런즉 서서 진리로 너희 허리띠를 띠고 의의 호심경을 붙이고 평안의 복음이 준비한 것으로 신을 신고 모든 것 위에 믿음의 방패를 가지고 이로써 능히 악한 자의 모든 불화살을 소멸하고 구원의 투구와 성령의 검 곧 하나님의 말씀을 가지라

행위가 아니라 믿음이 우리를 마귀로부터 보호해 주는 방패인 이유는 무엇일까요?

____

____

____

구원은 어떤 방식으로 투구 역할을 할까요?

____

____

____

기도로 하나님께 접속되었습니다

바울은 영적 전쟁을 벌일 때 기도하라고 호소하면서 전신 갑주에 관한 검토를 마무리했습니다. 그러나 이때 우리는 매우 신중해야 합니다.

> **에베소서 6장 18~20절**
> 모든 기도와 간구를 하되 항상 성령 안에서 기도하고 이를 위하여 깨어 구하기를 항상 힘쓰며 여러 성도를 위하여 구하라 또 나를 위하여 구할 것은 내게 말씀을 주사 나로 입을 열어 복음의 비밀을 담대히 알리게 하옵소서 할 것이니 이 일을 위하여 내가 쇠사슬에 매인 사신이 된 것은 나로 이 일에 당연히 할 말을 담대히 하게 하려 하심이라

믿음의 전당

믿음으로 살아간 이들의 모범을 따르다.

바울을 해치려는 음모

유대인들이 바울을 죽이기로 공모하다.

능력은 우리에게서 나오지 않습니다. 능력은 하나님으로부터 나옵니다. 성령님이 우리를 고무시키시고, 우리에게 능력을 주시며, 우리의 기도를 들어주십니다. 능력은 좌절감을 느끼거나, 사람들과 다투거나, 억울한 일이 떠오르거나, 죄에 빠져 실족하거나, 홀로 깊은 고독감으로 우울할 때 저절로 임하는 것이 아닙니다. 능력은 우리의 내부에 있는 것도 아닙니다. 우리는 이러한 사실을 잘 알고 있어야 합니다.

귀신 알짬 교리 **99**

귀신은 천사였으나 하나님께 죄를 지음으로써 오늘날 세상에서 악한 일을 계속하는 존재입니다(욥 1:6; 슥 3:1; 눅 10:18). 성경은 귀신들의 우두머리인 사탄이 "도적질하고 죽이고 멸망시키고자" 한다고 말하는데, 귀신도 하나님을 대적하고 하나님의 일을 파괴하고자 합니다. 귀신에게도 능력이 있지만 그 능력은 하나님의 통제하에 있으므로 하나님이 허용하신 범위 안에서만 작용합니다. 종국적으로는 모든 귀신이 본래 그들을 위해 지어진 불 못에 던져질 것입니다.

천사 알짬 교리 **99**

성경은 하나님이 인간과 동물뿐 아니라 다른 피조물들도 창조하셨다고 말합니다. 그 중에는 '하나님의 아들들', '영들', '통치자들', '권세들', '거룩한 자들'로 불리는 천사도 있습니다. '천사'로 번역된 헬라어 단어는 원래 '메시지를 전달하는 사자'를 뜻합니다. 하나님의 말씀을 전하는 것이 그들의 존재 이유임을 알 수 있습니다. 성경 전반에 걸쳐서, 천사들은 여러 가지 역할을 수행합니다. 하나님께 영광을 돌리거나, 하나님의 계획과 목적에 따라 임무를 수행하며, 보이지 않는 세계가 실제로 있음을 인간에게 일깨워 주기도 합니다.

그리스도와의 연결

바울은 그리스도인들에게 이 세상의 통치자들과 권세들과 영적 전쟁을 치를 준비를 하라고 명령했습니다. 예수님이 죽으시고 악에게 승리하셔서 부활하셨기 때문에 우리는 그분의 발자취를 따릅니다. 따라서 우리는 승리를 위해 싸우는 것이 아니라 승리한 위치에서 싸우는 것입니다.

세상의 왕들과 맞서게 된 바울

세상의 통치자 앞에 선 바울이 담대히 변론하다.

파선

폭풍 속에서도 바울과 일행을 구하시고 로마까지 인도하시다.

하나님이 들려주시는 이야기는 오늘을 사는 나와 늘 연결되어 있습니다. 아래 질문에 답하면서 성경 이야기가 내 이야기와 어떻게 연결되는지 생각해 봅시다.

▶ 우리가 진짜 대적인 사탄에 맞서는 대신에 다른 사람들과 다투게끔 유혹받는 이유는 무엇일까요?

▶ 전신 갑주를 벗어 버리고 싶은 유혹을 받을 때는 언제일까요? 그 이유는 무엇이라고 생각하나요?

▶ 대적의 공격을 이겨 내도록 주님이 어떤 방법으로 힘을 주셨나요?

▶ 전신 갑주를 주신 분은 하나님이시고, 하나님만이 그것을 주실 수 있는 분이라는 사실을 기억하는 것이 왜 중요할까요? 자신의 업적이나 능력으로 싸우려 하면 어떤 일이 벌어질까요?

하나님의 이야기
하나님이 그분의 아들
예수 그리스도를 통해
우리를 구속해 주신 이야기

우리의 이야기
우리의 이야기가
하나님의 이야기와
만나는 곳

생각

영적 전쟁을 치르려면 자신을 보호하고 대적을 무찌를 영적 무기가 필요합니다. 이것이 우리가 영적 전신 갑주를 계속 입고 있어야 하는 이유입니다. 전쟁 중에는 절대로 전신 갑주를 벗지 않아야 하고, 평화로울 때에만 벗을 수 있습니다. 우리가 자동차 안전벨트를 매는 것은, 맞은편에서 음주 과속 트럭이 정면으로 달려오는 것을 볼 때가 아니라 주차장을 떠나기 전입니다. 이처럼, 대적이 나타난 후에야 허겁지겁 갑주를 입기 시작해서는 안 됩니다. 우리는 언제 공격당할지는 모르지만, 공격이 있으리라는 사실은 분명히 압니다.

- 전쟁터에 있다는 긴장감을 품고 살아가나요? 그렇거나 그렇지 않은 이유는 무엇인가요?
- 전신 갑주를 입어야 한다는 사실을 떠오르게 해 주는 습관에는 어떤 것이 있을까요?

마음

바울은 본문에서 로마 군인의 이미지를 사용하여 이야기를 들려주었습니다. 당시 독자들에게 꽤 익숙한 모습이었을 것입니다. 로마 군인의 방패는 전신을 보호할 수 있을 만한 크기였습니다. 하나님에 대한 믿음도 우리를 보호해 줍니다. 이길 수 없을 것 같은 전쟁에서조차 믿음이 우리를 보호해 줍니다.

- 우리를 보호해 주는 것이 '행위'가 아니라 '믿음'이라는 사실을 기억하는 것이 중요한 이유는 무엇인가요?
- 하나님의 전신 갑주 가운데 돋보이는 무기는 무엇이며, 그 이유는 무엇인가요?

행동

기도로 싸울 때에는 하나님이 우리가 승리하기를 원하신다는 사실을 기억해야 합니다. 바울의 바랐던 것처럼, 우리는 복음을 전하는 방식에서 승리해야 합니다. 복음을 보호하는 것이 아니라 널리 퍼지게 하는 것이 우리의 임무입니다. 이 사실을 중심으로 기도해야 합니다. 우리는 대적의 공격에 견고히 서도록 보호받고 있습니다. 하나님의 전신 갑주가 대적의 모든 공격을 막아 주는 동안 우리는 주위 사람들에게 복음을 전할 수 있습니다.

- 바울은 '담대히'라는 말을 두 번 언급했습니다. 복음을 전할 때 담대해야 하는 이유는 무엇일까요?
- 오늘 내 기도 생활은 어떠했나요? 앞으로 더욱 기도하기 위해서는 어떻게 해야 할까요?

> 다음 모임까지 데살로니가후서 1~3장;
> 사도행전 18:19~19:41을 읽어 보세요.

11

아낌없이 준다는 것은

성 경 말 씀 고린도후서 8장 1~15절; 9장 6~15절

포 인 트 하나님이 우리에게 필요한 만큼 주시므로 우리는 가난한 사람에게 우리가 가진 것을 나눌 수 있다.

등 장 인 물 바울(그리스도를 따르는 자와 이방인의 사도가 된 전직 박해자)

메시지 좌표 사람들은 대부분 관대함을 좋아합니다. 엄청난 허리케인 때문에 집들이 무너져 이재민이 속출할 때, 어려움에 처한 사람들에게 관대하게 베푸는 것을 좋게 여깁니다. 그러나 관대함에 대한 기독교의 이해는 세상 문화보다 훨씬 더 깊이 들어갑니다. 그리스도인의 관대함은 죄인인 우리에게 제시된 복음에서 비롯됩니다.

관대한 삶

하나님이 주신 은혜를 따라
풍성하게 베풀다.

믿음의 전당

믿음으로 살아간 이들의
모범을 따르다.

예수님이 가난해지신 이유는 뭘까

고린도후서 8장 1~9절
형제들아 하나님께서 마게도냐 교회들에게 주신 은혜를 우리가 너희에게 알리노니 환난의 많은 시련 가운데서 그들의 넘치는 기쁨과 극심한 가난이 그들의 풍성한 연보를 넘치도록 하게 하였느니라 내가 증언하노니 그들이 힘대로 할 뿐 아니라 힘에 지나도록 자원하여 이 은혜와 성도 섬기는 일에 참여함에 대하여 우리에게 간절히 구하니 우리가 바라던 것뿐 아니라 그들이 먼저 자신을 주께 드리고 또 하나님의 뜻을 따라 우리에게 주었도다 그러므로 우리가 디도를 권하여 그가 이미 너희 가운데서 시작하였은즉 이 은혜를 그대로 성취하게 하라 하였노라 오직 너희는 믿음과 말과 지식과 모든 간절함과 우리를 사랑하는 이 모든 일에 풍성한 것같이 이 은혜에도 풍성하게 할지니라 내가 명령으로 하는 말이 아니요 오직 다른 이들의 간절함을 가지고 너희의 사랑의 진실함을 증명하고자 함이로라 우리 주 예수 그리스도의 은혜를 너희가 알거니와 부요하신 이로서 너희를 위하여 가난하게 되심은 그의 가난함으로 말미암아 너희를 부요하게 하려 하심이라

바울과 마게도냐 교회들에게는 탐욕과 불만을 던져 버리고, 예수님을 희생 제물로 내어 주신 관대함을 통해 하나님의 사랑을 전하는 것이 너무나도 당연했습니다. 예수님이 우리를 위해 행하신 일을 알기 때문입니다. 부요하신 예수님이 우리를 부요하게 하려고 가난하게 되셨습니다(고후 8:9). 돈 이야기가 아닙니다. 돈은 가난과 부를 나누기에는 너무나도 하찮습니다. 바울은 예수님의 풍성하신 영광을 염두에 두고 말했습니다. 하나님의 아들이 아버지와 함께했던 존귀와 영광의 자리(자신의 부)를 떠나 육신을 입으시고 자기가 창조하셨던 죄인들과 함께 이 땅에 거하실 때 가난하게 되셨습니다. 그분의 가난을 통해 우리의 영적 가난을 구원의 부요함으로 바꿀 수 있었습니다.

관대함으로 사랑의 진정성을 알 수 있다는 점에서, 나의 관대함은 다른 사람들을 향한 사랑을 어떻게 보여 주나요? 그것으로 알 수 있는 내 마음 상태는 어떤가요?

앞으로 더욱 관대함을 베풀기 위해서 무엇을 할 수 있을까요?

하나님이 주신 선물을 나누어 줄게요

하나님은 우리끼리 탐욕스럽게 쥐고 있으라고 풍성한 은혜를 주시는 것이 아닙니다. 우리를 구원하신 은혜가 복음 증거에도 똑같이 영향을 끼칩니다. 바울이 사명 완수에 관해 쓴 이유가 바로 이것입니다.

고린도후서 8장 10~15절

이 일에 관하여 나의 뜻을 알리노니 이 일은 너희에게 유익함이라 너희가 일 년 전에 행하기를 먼저 시작할 뿐 아니라 원하기도 하였은즉 이제는 하던 일을 성취할지니 마음에 원하던 것과 같이 완성하되 있는 대로 하라 할 마음만 있으면 있는 대로 받으실 터이요 없는 것은 받지 아니하시리라 이는 다른 사람들은 평안하게 하고 너희는 곤고하게 하려는 것이 아니요 균등하게 하려 함이니 이제 너희의 넉넉한 것으로 그들의 부족한 것을 보충함은 후에 그들의 넉넉한 것으로 너희의 부족한 것을 보충하여 균등하게 하려 함이라 기록된 것같이 많이 거둔 자도 남지 아니하였고 적게 거둔 자도 모자라지 아니하였느니라

넘치게 가진 사람이 부족하게 가진 사람에게 나누어 주어 누구든 누릴 수 있게 해 주어야 하는 이유는 무엇일까요? 모든 사람은 하나님의 형상으로 지어졌고 복음이 필요해서 오직 거룩하신 하나님 앞에서 똑같이 서 있기 때문입니다. 영적인 맥락에서 보면, 바울은 돈과 물질의 베풂에도 복음 메시지가 담기게끔 한 것입니다. 우리는 인격체로서 균등함을 나누는 방식으로 재정적으로나 물질적으로 다른 사람들을 일으켜 세울 수 있습니다. 결국 우리는 교회 안에서 그리스도의 형제자매들과 동등한 지위를 가지게 됩니다. 이런 식으로 생각하면, 우리는 '생계를 유지하지 못하는 사람'들이나 우리만큼 노력하지 않은 사람들을 훨씬 덜 걱정할 수 있습니다. 아무도 해하지 못하는 천국에 상급이 주어졌다는 사실을 깨달으면, 일하여 얻는 것이나 성취에 관한 모든 개념이 쓸모없어집니다.

> 이 땅에 보화를 쌓는 사람은 평생 뒷걸음질하며 살게 됩니다. 그에게 죽음은 곧 상실입니다. 그러나 천국에 보화를 쌓는 사람은 영원을 기대하며 앞을 향해 나아갑니다. 그에게 죽음은 곧 유익입니다. 평생 보화에서 멀어지는 사람은 절망할 뿐이지만, 평생 보화를 향해 나아가는 사람은 기뻐할 이유를 갖게 됩니다. 당신은 절망하고 있나요? 아니면 기뻐하고 있나요?
>
> 랜디 알콘 Randy Alcorn

바울을 해치려는 음모

유대인들이 바울을 죽이기로 공모하다.

세상의 왕들과 맞서게 된 바울

세상의 통치자 앞에 선 바울이 담대히 변론하다.

하나님 뜻대로 기쁘게 나눌게요

성경은 "사람은 외모를 보거니와 나 여호와는 중심을 보느니라"(삼상 16:7)라고 말합니다. 과부가 적은 돈을 바치고도 칭찬을 받았던 이유는 그녀의 헌금이 인상적이어서가 아니라 참으로 관대하게 희생적으로 기쁘게 바쳤기 때문입니다(눅 21:1~4). 그와 반대로, 큰돈을 바칠지라도 조건부로 드리는 사람은 많이 바쳤다고 할 수 없습니다.

> ### 고린도후서 9장 6~15절
> 이것이 곧 적게 심는 자는 적게 거두고 많이 심는 자는 많이 거둔다 하는 말이로다 각각 그 마음에 정한 대로 할 것이요 인색함으로나 억지로 하지 말지니 하나님은 즐겨 내는 자를 사랑하시느니라 하나님이 능히 모든 은혜를 너희에게 넘치게 하시나니 이는 너희로 모든 일에 항상 모든 것이 넉넉하여 모든 착한 일을 넘치게 하게 하려 하심이라 기록된 바 그가 흩어 가난한 자들에게 주었으니 그의 의가 영원토록 있느니라 함과 같으니라 심는 자에게 씨와 먹을 양식을 주시는 이가 너희 심을 것을 주사 풍성하게 하시고 너희 의의 열매를 더하게 하시리니 너희가 모든 일에 넉넉하여 너그럽게 연보를 함은 그들이 우리로 말미암아 하나님께 감사하게 하는 것이라 이 봉사의 직무가 성도들의 부족한 것을 보충할 뿐 아니라 사람들이 하나님께 드리는 많은 감사로 말미암아 넘쳤느니라 이 직무로 증거를 삼아 너희가 그리스도의 복음을 진실히 믿고 복종하는 것과 그들과 모든 사람을 섬기는 너희의 후한 연보로 말미암아 하나님께 영광을 돌리고 또 그들이 너희를 위하여 간구하며 하나님이 너희에게 주신 지극한 은혜로 말미암아 너희를 사모하느니라 말할 수 없는 그의 은사로 말미암아 하나님께 감사하노라

> ### 속죄 - 도덕적 감화설
> 알짬 교리 **99**
>
> 도덕적 감화설에 따르면, 그리스도의 희생 제사는 하나님과 화목하기 위해 우리가 따라야 할 도덕적 모범을 미리 보이신 것입니다. 이 이론은 죄인을 향한 하나님의 공의로운 진노에 대한 올바른 이해를 주지 못합니다. 하나님의 공의로운 심판을 사람의 도덕적 개선으로는 갚을 수 없습니다. 아울러 단순한 도덕적 개선을 위해 감화를 준다는 것은 그리스도께서 십자가 고난 가운데 죽으신 이유를 설명하지 못하는 한계를 지니고 있습니다.

그리스도와의 연결

관대함의 모범과 동기는 예수 그리스도 안에 있습니다. 하나님이 우리에게 그분의 아들을 내어 주심으로써 자비와 관대함을 베푸셨으므로 우리에게도 다른 사람들에게 자비와 관대함을 베풀 능력이 있습니다.

파선

폭풍 속에서도
바울과 일행을 구하시고
로마까지 인도하시다.

옥중에서 기뻐한 바울

어려운 상황에서도
복음 때문에 기뻐하라고
격려하다.

하나님이 들려주시는 이야기는 오늘을 사는 나와 늘 연결되어 있습니다. 아래 질문에 답하면서 성경 이야기가 내 이야기와 어떻게 연결되는지 생각해 봅시다.

▶ 물질적으로 가난한 사람들도 다른 사람들에게 은혜롭게 베풀 수 있습니다. 어떻게 그럴 수 있을까요?

▶ 누군가에게 희생적인 관대함을 받아 본 적이 있나요? 그 일이 자신에게 어떤 영향을 끼쳤나요?

▶ 어떻게 하면 다른 사람들에게 더 관대해질 수 있을까요?

▶ 가진 것에 감사하는 마음과 관대하게 베푸는 정도 사이에는 어떤 연관성이 있을까요?

하나님의 이야기
하나님이 그분의 아들
예수 그리스도를 통해
우리를 구속해 주신 이야기

우리의 이야기
우리의 이야기가
하나님의 이야기와
만나는 곳

YOUR MISSION

생각

그리스도인은 세상이 줄 수 있는 어떤 것보다 훨씬 나은 것을 가지고 있기 때문에, 모든 소유를 잃거나 빼앗겨도 감사하게 받아들일 수 있습니다(히 10:34). 이것이 바로 바울이 고린도후서 8장에서 말한 그것입니다. 그는 사람들이 일단 그리스도라는 보물을 발견하면, 세상의 모든 보화가 볼품없어 보일 것이라는 사실을 알았습니다. 그렇다고 돈이나 물질적인 소유가 하찮다는 것은 아닙니다. 단지 그것들이 가장 중요한 것은 아니라는 뜻입니다.

- 관대함으로 은혜를 그대로 성취하게 하라는(고후 8:6) 말은 무슨 뜻일까요?
- 관대함이 우리의 사랑을 입증하는 좋은 수단인 이유는 무엇인가요?

마음

솔로몬은 하나님이 사람들에게는 영원을 사모하는 마음을 주셨다고 말합니다(전 3:11). 이것이 바로 우리가 많이 들어 본 '하나님만이 채우실 수 있는 구멍'(God-shaped hole)입니다. 우리는 하나님의 형상으로 지어졌기에 지금 사는 인생보다 더 나은 것을 위해 지어졌습니다. 영원을 위해 창조된 것입니다. 하나님을 경험할 때에야 돈과 소유물의 실체를 깨닫습니다. 그것들은 기쁨의 원천이 아니라 하나님이 주신 것들로 후히 베풀며 살 때 누리는 기쁨을 위한 수단일 뿐입니다. 기쁨은 움켜쥠이 아닌 나눔에서 찾을 수 있습니다.

- 어떻게 하면 개인적으로나 교회 차원으로나 나눔을 예배로 여기게 할 수 있을까요?
- 어떤 물질적인 소유가 우리 마음속에 우상이 될 수 있을까요?

행동

복음을 경험해 보지 못한 사람들은 희생적인 나눔을 쉽게 이해하지 못합니다. 세상 논리는 자기 자신을 먼저 챙기고 나서 남는 것이 있을 때 베푸는 것이기 때문입니다. 이런 식의 관대함은 한 사람이 쓰고 남은 것이 있을 때만 가능합니다. 저축하고, 은퇴 후를 위해 투자하고, 자동차 할부금을 내고, 휴가비를 모으는 등 온갖 지출을 다한 후에야 나눌 수 있습니다. 기쁜 마음으로 희생적인 나눔을 실천하는 것은 고사하고, 희생적인 나눔조차 낯선 개념입니다. 기쁘게 희생적으로 베풀 때, 우리는 주변 사람들에게 복음을 힘 있게 전할 기회를 얻게 됩니다.

- 금전적으로 베풀면 금전적으로 돌려받으려고 하나요(고후 9:6)?
- 필요할 때 언제든지 얻을 수 있다는 약속은 우리가 다른 사람들에게 베푸는 수준에 어떤 영향을 끼칠까요?

> 다음 모임까지 **고린도전서 1~8장**을 읽어 보세요.

12

믿음은
믿음에서 흐른다

성경 말씀 히브리서 11장 1~13절; 12장 1~2절

포 인 트 예수님은 우리 믿음의 시작이시자 완성자이시다.

등 장 인 물 히브리서 저자(미상, 바울인지 누가인지 아볼로인지 브리스길라인지 바나바인지 알려지지 않았음)

메시지 좌표 믿음은 교회나 그리스도인의 삶에서만이 아니라 대중문화에서도 인기 있는 말입니다. 수많은 영화와 노래와 쇼가 믿음이 무엇인가에 관해 말하고, 때로는 그 의미를 재정의해 주기도 합니다. 신약 5권의 마지막 과에서는 히브리서를 공부하는데, 신약 전체에서 특히 믿음을 설명하고 있는 가장 유명한 장 가운데 하나를 살펴볼 것입니다.

믿음의 전당

믿음으로 살아간 이들의
모범을 따르다.

바울을 해치려는 음모

유대인들이 바울을
죽이기로 공모하다.

그건 바로 믿음이야, 그런데 믿음이 뭐지

믿음이 우리 삶에 어떻게 작동하는지를 살펴보기 전에 먼저 믿음을 정의해야 합니다. 믿음이 무엇인지도 모르는데 믿음을 연구한다는 것은 무의할 테니까 말입니다.

> 믿음을 어떻게 정의하나요?

____

____

히브리서 11장 1~2절
믿음은 바라는 것들의 실상이요 보이지 않는 것들의 증거니 선진들이 이로써 증거를 얻었느니라

히브리서 저자에게 믿음은 지금 보이지 않는 것들이 존재한다는 사실에 대한 '실상'이자 '증거'입니다. 그래서 바울이 구약의 조상들이 보지 못하고도 약속을 믿음으로써 의롭게 되었다고 말한 것입니다(롬 4장). 구약의 성도들은 구원자를 (아직) 보지 못했지만, 언젠가는 하나님이 보내 주시리라는 약속을 믿었습니다. 그리고 예수 그리스도를 통해 그 약속을 지키셨습니다.

> 아무리 하고 싶어도 행위로는 의를 얻을 수 없다는 사실이 나에게 어떤 영향을 미치나요?

____

____

믿음의 증인들이 비결을 알려 주잖아

우리를 의롭게 하는 것은 행위가 아닌 오직 그리스도에 대한 믿음입니다. 그러나 이 말은 아무 일도 하지 말라는 뜻이 아닙니다. 이미 살펴본 대로 우리는 오직 믿음만이 의롭게 한다는 사실을 압니다. 그러나 믿음의 정당화는 절대로 하나만으로는 안 된다는 것도 압니다. 행위가 없는 믿음은 참된 믿음이 아닙니다.

그리스도인의 삶에서 행위의 역할은 무엇일까요? 사실, 행위는 선택 사항도 부수적인 것도 아닙니다. 성경은 우리가 선한 일을 위하여 지으심을 받았다고 말합니다(엡 2:10). 그러니 그리스도인은 마땅히 일해야 합니다. 이것은 그리스도인으로서 우리에게 주어진 목적이기도 합니다. 그러나 은혜를 드러내는 빛 가운데 행하는 선한 일은 '오직 믿음'이라는 핵심 교리와 묶여 있음을 알아야 합니다. 또한 선한 일은 하나님이 행하신 일에 보답하기 위해서나 자기 자신의 영광을 위해서 하는 것이 아니라는 사실을 이해해야 합니다.

> ### 히브리서 11장 3~13절
> 믿음으로 모든 세계가 하나님의 말씀으로 지어진 줄을 우리가 아나니 보이는 것은 나타난 것으로 말미암아 된 것이 아니니라 믿음으로 아벨은 가인보다 더 나은 제사를 하나님께 드림으로 의로운 자라 하시는 증거를 얻었으니 하나님이 그 예물에 대하여 증언하심이라 그가 죽었으나 그 믿음으로써 지금도 말하느니라 믿음으로 에녹은 죽음을 보지 않고 옮겨졌으니 하나님이 그를 옮기심으로 다시 보이지 아니하였느니라 그는 옮겨지기 전에 하나님을 기쁘시게 하는 자라 하는 증거를 받았느니라 믿음이 없이는 하나님을 기쁘시게 하지 못하나니 하나님께 나아가는 자는 반드시 그가 계신 것과 또한 그가 자기를 찾는 자들에게 상 주시는 이심을 믿어야 할지니라 믿음으로 노아는 아직 보이지 않는 일에 경고하심을 받아 경외함으로 방주를 준비하여 그 집을 구원하였으니 이로 말미암아 세상을 정죄하고 믿음을 따르는 의의 상속자가 되었느니라 믿음으로 아브라함은 부르심을 받았을 때에 순종하여 장래의 유업으로 받을 땅에 나아갈새 갈 바를 알지 못하고 나아갔으며 믿음으로 그가 이방의 땅에 있는 것같이 약속의 땅에 거류하여 동일한 약속을 유업으로 함께 받은 이삭 및 야곱과 더불어 장막에 거하였으니 이는 그가 하나님이 계획하시고 지으실 터가 있는 성을 바랐음이라 믿음으로 사라 자신도 나이가 많아 단산하였으나 잉태할 수 있는 힘을 얻었으니 이는 약속하신 이를 미쁘신 줄 알았음이라 이러므로 죽은 자와 같은 한 사람으로 말미암아 하늘의 허다한 별과 또 해변의 무수한 모래와 같이 많은 후손이 생육하였느니라 이 사람들은 다 믿음을 따라 죽었으며 약속을 받지 못하였으되 그것들을 멀리서 보고 환영하며 또 땅에서는 외국인과 나그네임을 증언하였으니

세상의 왕들과 맞서게 된 바울

세상의 통치자들 앞에 선 바울이 담대히 변론하다.

예수님을 따라야 끝까지 경주할 수 있어

> ### 히브리서 12장 1~2절
> 이러므로 우리에게 구름같이 둘러싼 허다한 증인들이 있으니 모든 무거운 것과 얽매이기 쉬운 죄를 벗어 버리고 인내로써 우리 앞에 당한 경주를 하며 믿음의 주요 또 온전하게 하시는 이인 예수를 바라보자 그는 그 앞에 있는 기쁨을 위하여 십자가를 참으사 부끄러움을 개의치 아니하시더니 하나님 보좌 우편에 앉으셨느니라

파선

폭풍 속에서도 바울과 일행을 구하시고 로마까지 인도하시다.

경주할 때 방해되는 '무거운 것과 얽매이기 쉬운' 것이란 무엇일까요? 분명한 답은 죄입니다. 예수님에게서 시선을 돌려 주변 세상을 주시하면, 죄에 빠지게 되거나 심지어 때로는 죄 속으로 뛰어들게까지 됩니다. 우리는 그리스도 안에서 죄를 용서받긴 했지만, 이 죄가 여전히 우리를 붙잡아 엄청난 무게로 눌러 못 움직이게 할 수 있습니다.

그런데 우리가 유념해야 할 것은 죄뿐만이 아닙니다. 심지어 좋은 것들마저 예수님께 집중하는 데 방해가 될 수 있습니다. 히브리서 저자는 우리에게 예수님을 바라보자고 말합니다(히 12:2). 왜 그랬을까요? 아마도 우리가 영적 훈련이나 종교적 열심이나 신학 연구에서조차 그것들을 그 자체로 추구하기 쉽다는 사실을 알았기 때문에 그랬던 것 같습니다. 그 대신, 우리는 예수님께 시선을 고정해야 합니다. 우리는 더 거룩하고, 더 유식하고, 더 온전해 보이기를 원합니다. 하지만 그것은 믿음의 동행이나 경주라고 할 수 없습니다. 행위에 근거한 자기 의일 뿐입니다.

예수님이 십자가에서 죽으시기까지 믿음을 지키신 사실은 여러분이 믿음을 지킬 수 있도록 하는 격려가 되나요?

믿음

성경적인 믿음이란 구원을 위해 오직 예수 그리스도만을 믿고 신뢰하는 것입니다(요 3:16~21). 진정한 믿음은 역사적 사실들에 대한 단순한 지적 동의를 뛰어넘는 것으로 복음의 진리를 인정하고 고백함으로써 시작되며(요일 4:13~16), 그리스도를 자신의 주님과 구원자로 기쁨으로 영접하고, 그리스도만을 의지하는 데까지 이어집니다(요 1:10~13). 성경적인 믿음은 그리스도의 역사적인 삶과 죽음과 부활에 근거하고 있으므로 맹신이 아닙니다.

그리스도와의 연결

성경에 등장하는 모든 믿음의 본보기는 예수 그리스도의 삶과 비교하면 무색해집니다. 그분은 자신 앞에 놓인 기쁨을 보고 십자가를 견디셨으며 수치를 받으셨습니다. 그 사역 덕분에 주님이 다시 오실 때, 우리 앞서 죽어 간 모든 사람의 믿음과 소망이 성취될 것입니다. 우리는 하나님의 약속을 신뢰할 수 있다는 확신을 가지고 있습니다.

옥중에서 기뻐한 바울

어려운 상황에서도
복음 때문에 기뻐하라고
격려하다.

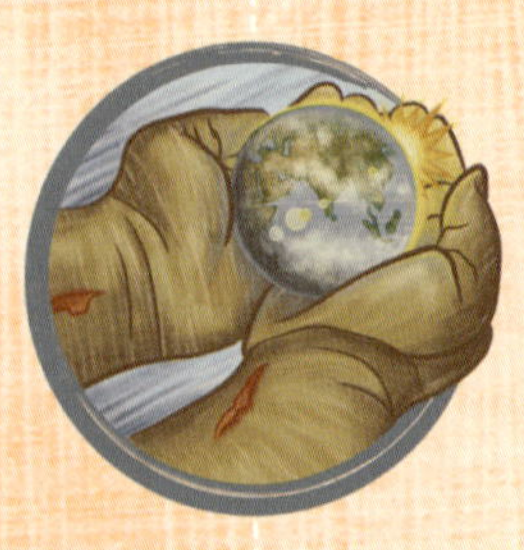

위대하신 그리스도

만물의 으뜸이신 그리스도께서
화목하게 하신다.

하나님이 들려주시는 이야기는 오늘을 사는 나와 늘 연결되어 있습니다. 아래 질문에 답하면서 성경 이야기가 내 이야기와 어떻게 연결되는지 생각해 봅시다.

- ▶ 패배와 고난의 시기에 오직 믿음으로 의롭게 된다는 사실을 기억하는 것이 중요한 이유는 무엇일까요?

- ▶ 성공과 위로의 시기에 오직 믿음으로 의롭게 된다는 사실을 기억하는 것이 중요한 이유는 무엇일까요?

- ▶ 어떻게 하면 예수님께 시선을 고정할 수 있을까요? 예수님과 예수님의 복음에 초점을 맞추기 위해서 내가 버려야 할 오락거리는 무엇인가요?

- ▶ 예수님이 우리 믿음의 시작일 뿐만 아니라 완성이시라는 사실을 아는 것이 우리에게 격려가 되는 이유는 무엇인가요?

하나님의 이야기
하나님이 그분의 아들
예수 그리스도를 통해
우리를 구속해 주신 이야기

우리의 이야기
우리의 이야기가
하나님의 이야기와
만나는 곳

YOUR MISSION

생각

선한 일은 모두 예수님의 영광을 위해 드려져야 합니다. 모든 영적 훈련은 예수님과의 우정을 더욱 깊게 하는 수단으로 행해져야 합니다. 신앙 서적을 읽을 때마다 신학적인 개념을 탐구할 때마다 성경적인 교리를 연구할 때마다 예수님을 향한 사랑이 북돋워져야 합니다. 예수님께 초점을 맞추어야 견딜 수 있고, 결승점에 이르기까지 믿음을 지킬 수 있습니다.

- 믿음과 행위를 연결하는 것도 중요하지만, 구분하는 것도 중요한 이유는 무엇인가요?
- 교회의 운명이 행위가 아닌 오직 믿음으로 의롭게 된다는 교리에 달려 있는 이유가 무엇일까요?

마음

우리 행위는 하나님의 은혜를 갚기 위한 것이 아닙니다. 왜냐하면 그리스도를 믿는 순간에 모든 빚이 탕감되었기 때문입니다. 의롭게 된다는 것은 바로 이런 것입니다. 행위로 은혜를 갚으려는 노력은 결국 율법주의와 은혜 없는 종교를 낳을 뿐입니다. 하나님이 행하신 일이 아닌 우리가 할 수 있는 일을 강조하기 때문입니다. 심지어 좋은 사람으로 보이려고 선행을 베풀기도 합니다. 그러다가 하나님께 드릴 영광을 가로챌 수도 있습니다. 세상의 모든 종교 체계는 '선행 베풀기'에 근거하는 반면에 오직 기독교만이 '이미 이루었다'라는 말씀에 근거합니다.

- 선행을 예배로 간주하면 여러분의 생활은 어떻게 바뀔까요?
- 은혜를 갚는다는 생각이나 자기 의에 빠지지 않으면서도, 어떻게 하면 그리스도인의 삶에서 선행의 필요성을 고수할 수 있을까요?

행동

믿음 생활은 쉽지 않습니다. 사실 버거울 수 있습니다. 그러나 언젠가는 이와 비교할 수 없는 기쁨을 맛보게 될 것입니다. 이 사실을 어떻게 알 수 있나요? 히브리서 11장 전체가 우리에게 믿음의 길을 보여 주는 여러 증인들에 관해 말해 주고 있기 때문입니다. 그뿐만 아니라 우리에게는 예수님이라는 신실하신 증인과 장차 만물이 회복될 것이라는 약속이 있습니다. 예수님의 약속과 신실한 증인들이 오늘날 우리에게 끝까지 믿음으로 인내하라고 권면해 줍니다.

- 경주를 계속할 수 있는 인내력은 어디에서 나올까요?
- 현대 인물 가운데 믿음을 본받고 싶은 사람은 누구이며, 어떤 면을 닮고 싶나요?

다음 모임까지 고린도전서 9~16장을 읽어 보세요.